AF579856

DU MÊME AUTEUR

Romans

LE CORTÈGE DES VAINQUEURS, Laffont, 1972, et Livre de Poche.

UN PAS VERS LA MER, Laffont, 1973, et J'ai Lu.

L'OISEAU DES ORIGINES, Laffont, 1974, et J'ai Lu.

LA BAIE DES ANGES :

I. LA BAIE DES ANGES, Laffont, 1975, et J'ai Lu.

II. LE PALAIS DES FÊTES, Laffont, 1976, et J'ai Lu.

III. LA PROMENADE DES ANGLAIS, Laffont, 1976, et J'ai Lu.

LA BAIE DES ANGES, 1 vol., coll. « Bouquins », Laffont, 1982.

QUE SONT LES SIÈCLES POUR LA MER, Laffont, 1977, et Livre de Poche.

LES HOMMES NAISSENT TOUS LE MÊME JOUR :

I. AURORE, Laffont, 1978, et Livre de Poche.

II. CRÉPUSCULE, Laffont, 1979, et Livre de Poche.

UNE AFFAIRE INTIME, Laffont, 1979, et Livre de Poche.

FRANCE, Grasset, 1980, et Livre de Poche.

UN CRIME TRÈS ORDINAIRE, Grasset, 1982, et Livre de Poche.

LA DEMEURE DES PUISSANTS, Grasset, 1983, et Livre de Poche.

LE BEAU RIVAGE, Grasset, 1985, et Livre de Poche.

BELLE ÉPOQUE, Grasset, 1986, et Livre de Poche.

LA ROUTE NAPOLÉON, Laffont, 1987 et Livre de Poche.

UNE AFFAIRE PUBLIQUE, Laffont, 1989.

Histoire, essais

L'Italie de Mussolini, Perrin, 1964 et 1982, et Marabout.

L'Affaire d'Éthiopie, Le Centurion, 1967.

Gauchisme, réformisme et révolution, Laffont, 1968.

Maximilien Robespierre. Histoire d'une solitude, Perrin, 1968 et 1989, et Livre de Poche.

Histoire de l'Espagne franquiste, Laffont, 1969, et Marabout.

Cinquième Colonne 1939-1940, Plon 1970 et 1980, éd. Complexe, 1984.

Tombeau pour la Commune, Laffont, 1971.

La Nuit des Longs Couteaux, Laffont, 1971.

La Mafia, mythe et réalités, Seghers, 1972.

L'Affiche, miroir de l'histoire, Laffont, 1973 et 1989.

Le Pouvoir à vif, Laffont, 1978.

Le xxe Siècle, Perrin, 1979, et Livre de Poche.

Garibaldi, la force d'un destin, Fayard, 1982.

La Troisième Alliance, Fayard, 1984.

Les Idées décident de tout, Galilée, 1984.

Le Grand Jaurès, Laffont, 1984, et Presses Pocket.

Lettre ouverte à Robespierre sur les nouveaux Muscadins, A. Michel, 1986.

Que passe la Justice du Roi, Laffont, 1987.

Jules Vallès, Laffont, 1988.

Les clés de l'histoire contemporaine, Laffont, 1989.

Politique-Fiction

La Grande Peur de 1989, Laffont, 1966.

Conte

La Bague magique, Casterman, 1981.

En collaboration

Au nom de tous les miens, de Martin Gray, Laffont, 1971, et Livre de Poche.

Max Gallo

MANIFESTE POUR UNE FIN DE SIÈCLE OBSCURE

15, RUE SOUFFLOT, 75005 PARIS

www.odilejacob.fr

ISBN 978-2-7381-3745-6

Ce document numérique a été réalisé par Nord Compo.

Le courage c'est d'accepter les conditions nouvelles que la vie fait à la science et à l'art, d'accueillir, d'explorer la complexité presque infinie des faits et des détails, et cependant d'éclairer cette réalité énorme et confuse par des idées générales, de l'organiser et de la soulever par la beauté sacrée des formes et des rythmes.

Jean Jaurès, 1903.

Envoi

Quel silence autour de vous, Karl Marx, en cette fin de siècle.

Votre nom est enfoui sous les ruines de l'Empire qui se réclamait de vous. Or vous étiez, il y a encore quelques décennies, une sorte de colosse de Rhodes qui dominiez toutes les avenues de la pensée.

Votre ombre écrasait.

Des États faisaient de vous leur penseur officiel.

Il fallait avoir lu vos livres, ou tout au moins le prétendre et, selon les fluctuations de la ligne politique, citer tel ou tel passage de vos écrits.

Votre portrait à l'égal d'un immortel créateur d'Empire était porté à bout de bras.

Qui parmi ceux qui ont dépassé la cinquantaine et qui se sont, ne fût-ce qu'un temps, soucié d'histoire, de politique, ou simplement ont suivi l'actualité, ne connaissait votre visage, n'avait croisé votre regard, tant de fois reproduit, à la une des journaux, sur les couvertures de livres, sur des millions d'affiches répandues aux quatre coins de tous les continents ? Jamais un philosophe, un chercheur, un homme de bibliothèque voué toute sa vie d'abord à l'étude et à l'écriture, ne fut à ce point célébré, choisi comme guide ou référence par tant d'hommes, par tant de gouvernements, si bien que votre nom parut devenir le symbole d'un siècle, le XXe.

Marx, marxisme : beaucoup ne savaient pas très bien ce que signifiaient ces mots ; la plupart n'avait jamais feuilleté votre *Capital,* mais ils étaient des codes, des signes de reconnaissance et de complicité, des mots de passe pour un siècle que vous sembliez avoir transformé.

Et n'était-ce pas là le but que vous vous étiez fixé, vous qui ne vouliez pas seulement interpréter le monde ? Vous qui vouliez que le philosophe soit aussi un homme d'action ?

Bien sûr, on se déchirait à propos du sens de vos écrits.

Dans la grande religion à laquelle vous sembliez avoir donné naissance, il y avait des orthodoxes et des hérétiques, des séculiers et des réguliers, des modernes et des traditionalistes.

Chacun vous invoquait pour justifier sa propre démarche. On exhumait vos premiers manuscrits, on comparait, on interprétait, on s'excommuniait. Les marxistes étaient les talmudistes de ce temps et leurs guerres, même lorsqu'elles ne servaient pas de prétexte à des luttes pour le pouvoir (politique ou universitaire), étaient inexpiables.

Marxistes, marxiens, marxologues : on n'en finissait plus de dénombrer les sectes qui prétendaient toutes vous avoir mieux lu et mieux compris.

Certes vous aviez des adversaires, mais à leur manière, en vous combattant, ils reconnaissaient votre « imperium ».

Ils puisaient en vous des éléments de leurs analyses et se servaient de vous pour mieux dénoncer vos laudateurs.

Les politiques qui se réclamaient de vous, disaient-ils, n'étaient pas marxistes, alors qu'eux l'étaient vraiment.

Parfois, ils se réfugiaient dans l'au-delà de la vie pour mieux vous abandonner l'histoire des hommes.

Il y avait en somme Dieu et vous.

Et des jésuites s'employaient fébrilement et habilement à démontrer qu'il fallait croire à l'un pour honorer l'autre et vice versa.

Quel triomphe, Karl Marx !

Des tribunes officielles devant lesquelles défilaient des dizaines de milliers d'hommes en armes, des estrades d'où parlaient des orateurs aux accents prophétiques, dans les cellules des révolutionnaires condamnés à mort, mais aussi dans les bibliothèques où des chercheurs tentaient d'expliquer le monde, ce n'était qu'invocation de votre nom et de votre œuvre.

Votre pensée était à la fois ciment des États et méthode pour comprendre le réel.

Peut-être le plus étonnant – et sans doute le plus émouvant –, dans ces étranges années, était-il que, dans les régions les plus reculées de continents écrasés par la misère, dans les plus sordides habitations des villages ou des métropoles des pays sous-développés, des hommes ânonnaient quelques principes qu'ils pensaient tirés de vos écrits, pour tenter de secouer leur servitude.

Et ailleurs, dans les écoles sophistiquées de l'Occident, une jeunesse qui se voulait savante et militante se réclamait de vous, affirmant qu'il fallait *« lire le Capital »,* et vous dédiait ses premiers travaux, ses premiers engagements.

Elle voulait agir, *« Pour Marx »,* disait-elle.

Vous étiez donc « l'horizon indépassable de la pensée ».

Voici la fin du siècle et qui se souvient de vous ?

Le capitalisme prospère, il transforme et enveloppe le monde.

Ceux qui se réclamaient de vous se taisent, honteux et repentants.

Les États qui vous célébraient frappent humblement à la porte des banques, invitent les investisseurs à financer, rapidement, la naissance d'une économie capitaliste sur leur territoire, celle-là même qu'en votre nom, en s'appuyant sur ce qu'ils disaient être vos enseignements, ils avaient dénoncée, et dont ils avaient voulu à jamais extirper les racines, pour construire ce « socialisme » dont vous annonciez le règne inéluctable.

Les quelques fondations qu'ils ont bâties, ici ou là, sont déjà des ruines qu'on ne couronne plus de votre portrait et l'on construit vite des bourses des valeurs, dans ces villes qui prétendaient être les phares du socialisme.

Tous ceux qui peuvent fuir les pays qui prétendaient avoir mis en œuvre vos principes le font, quels que soient les risques.

On affronte les typhons et les pirates, on abandonne maisons et parents, on défie les polices, on risque la mort.

Et ce sont les plus jeunes, ceux nés après ce qui semblait être votre victoire qui sont prêts à braver tous les dangers pour se précipiter dans ce qu'on appelait « l'enfer capitaliste » et qui aujourd'hui pour des centaines de millions d'hommes symbolise l'espoir d'une vie meilleure.

Quel retournement ! Quel camouflet !

Aussi les régimes et les partis qui avaient exalté votre toute-puissance définitive et l'ampleur inégalée de votre conception du monde, qui avaient répété que vous étiez le « géant de la pensée », vous renient-ils discrètement ou spectaculairement. Votre œuvre était vénérée comme la plus belle des femmes, elle n'est plus qu'une sorte de vice corrupteur dont on essaie de faire oublier qu'on y a succombé, afin d'avoir le droit de réintégrer la grande et bonne famille des « honnêtes gens ».

Ceux qui défendent encore une société construite à les en croire selon votre philosophie paraissent d'abord ridicules, survivants dépassés d'un autre âge, et pour s'accrocher au pouvoir ils sont contraints de mitrailler la jeunesse de leur pays, qui contre eux en appelle à la liberté et dresse des statues qui symbolisent l'Empire américain !

Mais peut-être plus humiliant que ce choix des peuples, plus surprenant encore que ces reniements, que ces ralliements, il y a cette indifférence qui vous entoure.

Marx ?

Vous ne suscitez même plus un haussement d'épaules, à peine, chez quelques-uns – les plus audacieux –, une sorte de vague compassion nostalgique, comme le souvenir du temps des fredaines. Marx ? Ah, oui...

Mais votre œuvre a cessé d'être l'un de ces viatiques qu'on se transmet parce qu'ils aident à l'intelligence du monde. Elle n'est même plus dans l'enfer des bibliothèques. Elle s'entasse sur les plus hauts rayonnages, couverte de poussière parce que l'on ne demande plus à la lire.

L'histoire, après avoir donné l'apparence de se plier à vos vues en assurant la victoire des hommes qui se réclamaient de vous, semble désormais vous reléguer au rang des illusionnistes.

Vous aviez écrit dans le *Manifeste communiste,* une phrase d'ouverture qui parut, durant les premières décennies de ce siècle, prémonitoire : « Un spectre hante l'Europe, disiez-vous, c'est le spectre du communisme... »

Le siècle s'achève et le communisme est un fantôme dont la silhouette s'évanouit en même temps que vous.

Marx ?

Quelques fidèles ici et là, semblables à ces « vieux croyants » qui psalmodient entre eux des prières dont plus personne ne connaît le sens, officient selon vos rites.

Ils sont à peine un objet de curiosité, ils font sourire.

Ils récitent encore cette autre phrase de votre *Manifeste* « L'histoire de toute société jusqu'à nos jours, c'est l'histoire de la lutte des classes ».

Ils emploient des mots vieillis auxquels vous aviez donné une sorte de majesté biblique : « prolétaires », « prolétariat », « bourgeoisie »...

Seuls quelques historiens sociologues s'autorisent parfois, quand ils étudient le XIXe siècle, à utiliser certains de vos concepts, avec prudence et beaucoup d'explications préalables. On pourrait les prendre pour des « marxistes » et c'en serait fait de leur réputation.

Voilà où vous en êtes, après avoir tant régné.

Voilà où nous en sommes.

Est-ce acceptable, est-ce souhaitable ?

Quand on reprend vos livres aujourd'hui alors que se sont éteintes les rumeurs, les acclamations et les injures qui empêchaient sereinement de vous lire, on est ébloui (il faut redire cela puisqu'on ne le sait plus) par l'immensité de votre travail, la pénétration de votre pensée, ce battement de l'intelligence et de la passion d'un esprit toujours libre qui donnent à vos phrases, même les plus opaques, un rythme et une vibration qui les soulèvent.

On mesure alors votre complexité.

Votre œuvre est une immense spirale qui veut saisir tout du monde et de la vie.

Et l'on comprend pourquoi on vous a cité plus que lu, découpé en tranches commodes – là, l'Idéologie, ici la Science ; avant 1845, la jeunesse, après la maturité, etc.

Il fallait cette réduction, ces mutilations, cette schématisation pour faire entrer votre personnalité protubérante dans le moule rigide des « appareils ».

Il fallait oublier dans *votre œuvre cet hymne à la créativité de l'individu, à sa liberté,* pour la transformer en catéchisme d'un « collectivisme » de caporaux de la pensée.

Il fallait embaumer vos livres, les enfermer dans les mausolées officiels pour les empêcher de demeurer un appel toujours vivant à la critique radicale de la société, de toute société, et faire oublier ainsi qu'ils constituaient essentiellement une œuvre visionnaire, ayant en son centre une idée de l'homme à partir de laquelle vous avez construit une conception de l'histoire qui englobe passé, présent, avenir, économie et politique.

Et il était absurde – mais pratique... – de vouloir dans ce tout, cette dynamique, séparer le bon grain de l'ivraie, choisir, comme dans un bazar, l'outil utile et abandonner la rêverie superflue. Et permettre ainsi de faire de votre travail de démystification, de votre appel à l'intelligence civique, une « vulgate » pour régimes dictatoriaux.

S'il n'est ni acceptable ni souhaitable de vous laisser aujourd'hui dans l'état d'oubli où vous vous trouvez, c'est que nous avons besoin de votre complexité, de votre liberté intellectuelle, de l'audace de votre pensée, des intuitions et des découvertes auxquelles elles ont abouti.

Qu'en bref il est stupide, injuste aussi – mais c'est là considération secondaire – de se priver de vous pour comprendre ce qui nous arrive, et d'autant plus qu'après tout, entre vous et nous, entre votre *Manifeste,* votre *Critique de l'Économie politique* et aujourd'hui, il n'y a même pas un siècle et demi.

Rien ou presque à l'échelle de l'histoire.

Platon et Thucydide, Descartes et Condorcet, Nietzsche et Freud, continuent d'être nos contemporains et vous seriez, vous, à tout jamais enfoui, parce que, précisément, en votre nom, on a tenté de bouleverser l'histoire du monde, labouré ce siècle si profond qu'il en porte encore les plaies ouvertes ?

Et ne parlons pas de l'enflure des petits maîtres qu'on vous substitue, des maigreurs de pensée qui se prennent pour des musculatures, des découvreurs d'un îlot qu'on exalte, alors que vous portez, tel Atlas, un monde, et que vous avez cartographié des galaxies entières !

Il est grand temps en somme de rouvrir vos livres.

Et il ne s'agit évidemment ni de vous réhabiliter ni de vous exalter à nouveau. Ni de prétendre que vous avez tout dit, tout découvert et que votre œuvre serait ainsi une sorte de pierre tombale devant laquelle il suffirait de se prosterner, en déposant quelques gerbes de commentaires.

Finie l'époque des célébrations, fini le temps des justifications, retour au travail de compréhension, de contestation, de révolution.

Parce que enfin, et puisqu'il faut toujours redire l'élémentaire, ce monde dans lequel nous vivons vaut-il mieux que celui qui soulevait votre colère et provoquait votre génie ?

Ce monde que vous n'acceptiez pas, contre lequel vous vous insurgiez, n'est-il pas tout autant révoltant, avec ces immenses foules de « misérables », sur lesquelles par le biais de la Dette, du cours des matières premières, le « capitalisme » réalise toujours une « accumulation primitive » ?

Et n'est-ce pas vous, précisément, qui dans la *Section VIII* de votre *Capital,* contre les fables qui faisaient naître le capitalisme de l'épargne, avez montré comment c'était le pillage, le massacre, la surexploitation de peuples entiers qui avaient permis cette « accumulation primitive » à partir de laquelle l'essor du capitalisme avait été possible dans les sociétés occidentales ?

Et quand meurent 40 000 enfants par jour dans les pays sous-développés, quand se creusent les inégalités entre les hommes et les lieux de la planète, n'est-ce pas aujourd'hui ce processus que vous avez identifié et nommé, qui est à l'œuvre ?

Et il faudrait vous oublier ?

Quand, dans le Tome 1 du *Capital,* vous écrivez, à propos de l'agriculture : « la production capitaliste a fait violence au conditionnement nécessaire à une durable fertilité des sols... Chaque progrès de l'agriculture capitaliste représente un progrès non seulement dans l'art de dépouiller le travailleur mais dans l'art d'appauvrir la terre. Toute amélioration temporaire de la fertilité des sols rapproche les conditions d'une ruine définitive des sources de cette fertilité », n'est-ce pas là l'intuition de ce qui survient aujourd'hui ? Quand des régions entières – en Afrique, en Amérique latine, mais aussi au cœur de l'Europe et des États-Unis – sont vouées à la désertification, après une surexploitation, quand les paysans deviennent, après rupture de l'équilibre social et naturel dans lequel ils vivaient, les « pauvres » des favelas et des banlieues des villes africaines ?

Et quand on « fertilise » par l'utilisation des engrais chimiques, c'est la pollution des fleuves et des mers qui progresse. N'est-il pas vrai, comme vous l'avez pensé (et c'est Engels qui vous cite), que « chaque progrès est en même temps un pas en arrière. Tout ce que crée la civilisation est à double face, équivoque et contradictoire ».

Voilà une pensée qui n'est pas si évidente qu'il peut sembler à l'heure où tant de socialistes « célèbrent » la modernité.

Elle est en tout cas autrement ambiguë que l'un de ces principes de catéchisme que l'on prétendait tirer de votre œuvre.

En vérité, ce qui vous caractérise, c'est bien le refus de la simplification.

Il suffit d'ailleurs de feuilleter vos cahiers de notes, vos manuscrits, pour *sentir* combien votre pensée est toujours ouverte, en mouvement, comment elle n'a qu'un seul souci :

briser les liens qui l'entravent. Et pour cela d'abord les repérer.

Vous découvrez alors – et quoi de plus actuel ? – qu'ils se mêlent, se superposent, s'intriquent, s'entrelacent.

Rien n'est plus contraire à vos écrits que la « réduction » à une seule cause.

Certes, dites-vous, « en dernière instance » c'est « la production et la reproduction de la vie réelle » qui sont le facteur déterminant dans l'histoire.

Mais, précise Engels : « Ni Marx ni moi n'avons affirmé davantage. Si ensuite quelqu'un torture cette proposition pour lui faire dire que le facteur économique est le seul déterminant, il la transforme en une phrase vide, abstraite, absurde. »

Et c'est ce qu'on a fait alors que toute votre démarche est précisément de refuser « l'économisme », de considérer qu'il n'y a pas d'« économie pure », que tous les phénomènes économiques sont tressés avec des rapports sociaux, que les « formes juridiques, politiques, religieuses, artistiques, ou philosophiques » sont essentielles. Rien ne vous est plus étranger que l'idée selon laquelle il suffirait de la « collectivisation » pour « libérer » l'homme.

Parce que au fond et sans que j'ajoute un commentaire de plus à votre œuvre, ce que vous placez au centre de tout, c'est précisément *l'individu homme,* dans son activité personnelle, dans sa puissance créative, sa *praxis,* qui est certes sociale, mais qui est d'abord l'expression de cette individualité.

Les relations sont entre *les individus,* la société ce sont ces relations et non une « entité » séparée de l'homme.

Il y a chez vous une exaltation de l'individu (et un rejet de l'individualisme qui en est la perversion), *un refus de le voir se perdre, s'aliéner* dans la production des choses, dont précisément le capitalisme est l'organisateur.

Et alors que notre monde, en cette fin de XXe siècle, est écrasé sous les « choses », que, par le biais de la production des images (un immense nouveau champ « élargi » pour le profit), elles deviennent des signes, envahissent et soumettent notre esprit, il faudrait renoncer à vos réflexions anticipatrices ? Et se contenter de quelques descriptions plus ou moins pertinentes sur la « société de consommation », alors que vous avez, il y a plus d'un siècle déjà, isolé les racines de ces phénomènes ?

Par exemple, vous écrivez dans *la Critique de l'Économie politique* (1857-1858), séparant le travail *matérialisé* (les conditions objectives du travail) du travail *vivant* (subjectif, créatif) : « les conditions objectives du travail acquièrent une autonomie chaque jour plus colossale face au travail vivant – autonomie qui se produit en fonction de leur extension même – et la richesse sociale dans des proportions toujours croissantes s'oppose au travail comme une puissance étrangère et dominante ».

N'est-ce pas là l'annonce de ces « métamorphoses du travail » dont on nous parle aujourd'hui et qui provoquent la réduction en effet de ce « travail vivant », et la soumission des hommes au « travail matérialisé », qui les plie à sa logique et les réduit à l'état de « non-travailleurs », chômeurs ou salariés précaires, incapables d'utiliser leur « temps libre » parce que

« aliénés », même quand ils ne sont pas dépourvus de ressources ?

C'est cette *aliénation de l'individu* qui vous révolte et c'est pour cela – pour en comprendre les raisons – que vous démontez les rouages de l'économie capitaliste.

Ce que vous dénoncez au fond, dans la philosophie traditionnelle, c'est le culte de la science pour la science, de l'économie pour l'économie, de la production pour la production, et, sous toutes ces facettes, l'oubli et le mépris de l'individu.

Pour vous la société future doit permettre le libre développement de l'individu, le seul besoin des individus étant la création *vivante* et non la production de choses qui transforme l'homme en chose.

Quand vous dites qu'il faut que « l'individu soit rendu à lui-même, à l'activité artistique et scientifique », vous exprimez le cœur de votre vision de l'homme, de votre « utopie », de votre désir d'« unité de l'homme » qui ne peut se concevoir que dans la liberté.

Qu'il y a loin de cela à ces portraits que l'on a faits de vous, à l'utilisation de votre œuvre comme justification à l'économisme et à la dictature !

Par ce souci de l'homme, par cette volonté de le libérer, par cette reconnaissance de son désir *d'individualisation,* vous êtes notre contemporain indispensable.

Et vous resterez le contemporain des hommes, car l'utopie nécessaire que vous énoncez est par essence même inépuisable.

Alors, il faut s'employer à secouer – et vite – la poussière qui recouvre vos œuvres, pour les saisir dans leur radicalité et leur actualité juvéniles.

Dans votre *Contribution à la critique de la philosophie du Droit de Hegel,* vous écrivez : « Être radical, c'est prendre les choses par la racine. Or pour l'homme la racine c'est l'homme même... La critique de la religion aboutit à cette doctrine que l'homme est pour l'homme l'être suprême. Elle aboutit donc à l'impératif catégorique de renverser toutes les conditions sociales où l'homme est un être abaissé, asservi, abandonné, méprisable. »

Quel programme est aujourd'hui plus nécessaire que celui-ci, de Moscou à Johannesburg, de Chicago à Prague, des bureaux de l'Agence Nationale pour l'Emploi à Paris aux universités de Chine ?

Mais qui s'en soucie ?

Qui ose encore tracer des perspectives ? Poser crûment des questions ? Et d'abord celle-ci : le capitalisme, dont la vigueur est éclatante en cette dernière décennie du XXᵉ siècle, est-il la « fin » de l'histoire humaine ? Le seul modèle d'organisation que les hommes soient capables d'inventer ? Dire cela à haute voix est devenu sacrilège ou ridicule. La preuve n'est-elle pas faite que rien ni personne ne peut s'opposer au marché ou le remplacer sans régresser dans la barbarie ?

L'hypothèse qu'il y a des voies à explorer, encore, toujours, est méprisée comme absurde ou utopique.

Et dans ces conditions le débat s'enlise alors que des problèmes gigantesques étranglent cette fin de siècle.

Ici ce sont les ambitions personnelles les plus dérisoires qui se cachent derrière un simulacre de confrontation idéologique. Là c'est l'affirmation qu'on ne peut et ne doit changer les choses qu'à la marge et qu'il faut se garder de tout vaste projet. Partout c'est en fait la soumission à *l'économisme,* c'est-à-dire aux logiques capitalistes dont il est admis explicitement ou implicitement qu'elles sont les meilleures possibles, même si personne n'ose affirmer qu'on peut prévoir où elles conduisent !

Avec l'orgueil des vainqueurs, un Américain, Francis Fukuyama, annonce d'ailleurs *« la fin de l'histoire ».* « Ce que nous sommes en train de voir, écrit-il dans *National Interest,* c'est la fin de l'Histoire elle-même ; c'est-à-dire la fin de l'évolution idéologique de l'homme et l'universalisation de la démocratie libérale occidentale comme forme finale du gouvernement des hommes... [ce qui peut être] aussi perçu dans l'inéluctable généralisation de la culture occidentale de consommation... »

Le triomphe du marché et du capitalisme – car sous les mots démocratie libérale, consommation, c'est bien de cela qu'il s'agit – laisse évidemment des peuples entiers – la majorité de l'humanité ! – dans le bourbier de l'histoire. Mais comme le dit Fukuyama « pour nos intérêts il importe vraiment peu que d'étranges pensées viennent aux habitants, du Burkina-Faso ou de l'Albanie... Le tiers monde est encore embourbé dans l'histoire ».

Le cynisme tranquille est, même quand il ne s'exprime pas avec une telle netteté, la nouvelle « idéologie dominante », celle dont s'imprègnent les « élites mondiales ». Elles s'en vont répétant que la politique se réduit au « calcul économique, à la solution sans fin de problèmes techniques, à des préoccupations écologiques et à la satisfaction de demandes de consommation sophistiquées ».

La cécité est ainsi devenue une vertu de gouvernement.

Elle est glorieusement revendiquée, au nom du réalisme, du refus des utopies ou des idéologies.

Le seul langage accepté est, curieux paradoxe pour qui vous récuse, celui de l'économie !

Entreprise, profits, taux de change, inflation, investissement, marché, plus-value : tels sont les mots au pouvoir. On affirme leur toute-puissance. Et dans la pire tradition du plus borné des économismes, on prétend qu'en eux réside l'explication et la cause de toute chose !

Qu'un « grand marché » s'ouvre en Europe et naîtra, spontanément, nous dit-on, une nouvelle civilisation européenne, avec ses mœurs et ses institutions politiques, et les États-nations disparaîtront parce qu'on vendra les mêmes marchandises du Danemark à la Sicile, du Portugal à l'Écosse.

Même des commentateurs staliniens du *Capital* n'auraient pas osé de tels raccourcis ! En fait, on refuse toute réflexion de fond sur les mécanismes de cette économie, sur ce qu'elle induit comme civilisation, car il faudrait alors s'interroger sur son bien-fondé : Et il est si commode, si utile, si fructueux, d'accepter l'ordre des choses comme inéluctable. On y gagne le confort. Et, souvent, le pouvoir politique. On vit, bien, et on gère.

Ce n'est pas vous qui écriviez, mais Jaurès : « le courage, c'est de chercher la vérité et de la dire, c'est de ne pas subir la loi du mensonge triomphant qui passe, de ne pas faire écho, de notre âme, de notre bouche et de nos mains aux applaudissements imbéciles et aux huées fanatiques ».

Telles sont quelques-unes des raisons pour lesquelles je vous adresse, Karl Marx, ce *Manifeste pour une fin de siècle obscure,* modeste relecture de celui que vous avez écrit.

On vous dit mort. Mais vos idées bougent encore.

INTRODUCTION

Le XXIe siècle ou la croisée des chemins

Un spectre hante l'humanité : c'est le spectre de la destruction de la planète et de la mort de l'homme.

On a pu croire longtemps que ceux qui annonçaient cette menace étaient les faux prophètes d'un malheur impossible, habités par les terreurs irrationnelles que l'approche d'un nouveau millénaire fait toujours surgir.

Mais aujourd'hui les signes d'une remise en cause des équilibres qui ont permis à l'homme de bâtir ses civilisations se multiplient.

Les désastres écologiques frappent ainsi l'imagination.

Ils ne sont pourtant que la manifestation spectaculaire d'un désordre mondial général.

L'accumulation de milliers de têtes nucléaires en est l'expression folle.

Pour la première fois dans l'histoire, l'homme s'est donné les moyens de détruire toute forme de vie. Et personne ne peut exclure les risques d'un déchaînement accidentel du feu nucléaire ou la généralisation d'un conflit local dont nul ne pourrait maîtriser l'évolution.

L'hypothèse est d'autant moins absurde que des contradictions dramatiques déchirent l'humanité.

L'économie mondiale, emportée par la spéculation financière, est fragile.

La dette est un gouffre où disparaissent des pays entiers et des dizaines de millions d'hommes écrasés par la pauvreté, tenaillés par la faim.

Les inégalités entre les hommes n'ont jamais été aussi marquées.

Elles opposent ceux du Nord et du Sud de la planète mais aussi les riches des sociétés développées et ceux qui, dans ces mêmes sociétés, sont rejetés, contraints à l'aumône, réduits par le chômage à l'errance et à la misère physiologique et psychologique (quarante millions de pauvres dans les pays de la Communauté des Douze, en Europe, et seize millions de chômeurs).

L'écart qui sépare les modes de vie des quartiers aisés des métropoles américaines, des zones urbaines où s'affrontent, dans un univers de taudis, des bandes rivales de jeunes en proie à la drogue, symbolise la division de la société.

La violence est le produit naturel de ces contradictions.

On assassine les opposants dans des dizaines de pays (18 000 victimes de meurtres politiques en 1988 en Colombie).

On abat les Indiens d'Amazonie pour s'emparer de leurs terres.

On tire sur les affamés qui poussés par le besoin pillent les magasins. On fouette les grévistes noirs en Afrique du Sud.

Des millions d'enfants meurent de sous-alimentation et de maladie ou sont voués à la prostitution et à la drogue.

Des bandes armées, des groupes extrémistes, reparaissent ou perdurent dans beaucoup de pays et même dans ceux qui ont un régime de démocratie politique.

Des conflits locaux (au Moyen-Orient) entretiennent la tension et ont des implications mondiales.

Le racisme, les intégrismes s'emparent à nouveau des consciences.

Les grands Empires communistes – URSS, Chine – sont secoués par des troubles politiques, ethniques et sociaux dont nul ne peut prévoir l'issue. Et la pénurie y rend la vie quotidienne difficile. Ils sont encore, pour une large part, des « prisons pour les peuples » qu'on rêve de fuir.

Certes, par rapport aux périodes de guerres mondiales qui ont marqué la première moitié du XXe siècle, puis à l'affrontement bloc contre bloc qui, durant des décennies, a divisé le monde dans une « guerre froide » périlleuse, la situation présente peut paraître moins dangereuse.

En fait, l'entassement des problèmes non résolus, leur complexité croissante mettent l'humanité en danger de mort.

C'est l'ensemble de l'espèce humaine, son écosystème, et non plus tel ou tel pays, tel ou tel continent qui sont concernés. Le problème est *global,* alors que le monde reste divisé.

La croissance démographique n'est pas maîtrisée. Les modes de production sont toujours rythmés par la logique du court terme, qu'elle soit celle du profit immédiat et maximum, ou celle, bureaucratique, des économies centralisées.

Aucune institution économique ou financière n'est en mesure d'orienter réellement les échanges ou de contrôler la spéculation.

L'ordre mondial n'est en fait qu'un entrecroisement de situations particulières régies chacune par des données singulières. Et les ajustements se font par le biais de crises locales ou générales, dans lesquelles des millions d'hommes sont entraînés. Et où l'emporte l'intérêt immédiat des plus forts.

Dans ce développement chaotique de l'histoire, les mises en jeu sont chaque fois plus élevées et peuvent devenir des mises à feu.

Désormais l'abîme est là, tout proche.

Ceux qui choisissent d'être des hommes de progrès, des socialistes, ceux qui s'inspirent de l'humanisme d'un Jaurès ne peuvent accepter sans réagir une telle évolution.

Ils ont une vision globale de l'histoire du monde.

Ils croient possible de la comprendre, de la penser pour tenter de la rendre, par leur action, plus humaine, c'est-à-dire moins cruelle.

Ils veulent écarter le spectre qui hante l'humanité et ouvrir pour elle les voies d'un développement maîtrisé et pacifique.

Pour cela ils doivent d'abord situer dans l'Histoire ce moment particulier, cette fin du xxe siècle où l'espèce humaine joue son destin.

1

L'épopée meurtrière du capitalisme

Des origines à la Première Guerre mondiale

L'Histoire de toute société jusqu'à nos jours, c'est l'histoire des hommes en lutte.

L'homme primitif comme le serf du Moyen Âge, le banquier de la Renaissance ou le paysan propriétaire du XIXe siècle, le prolétaire comme le salarié du XXe siècle, tous participent, plus ou moins lucidement, à des luttes qui ne cessent jamais, et qui peuvent prendre les formes les plus diverses, respecter des règles que les hommes ont fixées entre eux ou au contraire se déployer avec une sauvagerie sans limites.

La lutte, l'affrontement, la contradiction sont ainsi la trame de l'histoire.

Les hommes ont dû lutter contre une nature qu'il leur fallait comprendre et maîtriser afin d'assurer leur survie.

Ils ont inventé l'agriculture et l'élevage, utilisé la force naturelle des éléments.

Et leur confrontation avec les autres formes de vie, dans l'écosystème dont ils font partie, se poursuit indéfiniment. Un virus est dompté, un autre surgit, plus périlleux encore.

L'homme se croit « maître et possesseur de la nature » et un tremblement de terre, un réchauffement de l'atmosphère mettent en péril les établissements, millénaires parfois, qu'il a construits.

Mais la lutte contre la nature est aussi une lutte de l'homme contre lui-même puisqu'il fait partie de cette nature, qu'il dépend d'elle pour sa survie et qu'une apparente victoire totale sur la nature peut sceller la mort de l'homme.

Il n'y a donc jamais pour l'homme de triomphe absolu.

Et cette contradiction est au cœur de toutes ses luttes.

Car l'homme, dès ses origines, n'a pas affronté que la nature.

Pour s'assurer des ressources et donc un territoire – de cueillette, de culture ou de chasse –, en fixer puis en défendre les frontières, il s'est opposé à d'autres hommes.

Ainsi se stabilisent, se renforcent ou s'émiettent – parfois jusqu'à disparaître – des familles, des clans, des tribus, des cités, des nations, des empires.

Dans cette lutte, des pouvoirs se créent puis s'affirment et des hiérarchies s'établissent à l'intérieur du groupe, des différenciations s'opèrent.

Un groupe vainqueur en opprime un autre, peut le réduire à merci, mais parmi les victorieux apparaissent aussi des oppresseurs et des opprimés qui entrent à leur tour en lutte pour le pouvoir, exigent une autre répartition des ressources, un renversement des hiérarchies. Et la dynamique de cette lutte des classes influe à son tour sur la lutte des hommes contre la nature, ou celle des groupes entre eux.

Les conflits s'enchevêtrent et s'encastrent.

Tout ce qui concerne l'homme est complexe, contradictoire, mouvant dès l'origine. *Rien n'est jamais bipolaire,* même si, à des moments donnés, telle ou telle lutte – contre la nature, contre les hommes d'un groupe différent, ou bien le combat des classes – l'emporte sur les autres, donnant sa coloration à toute une période historique.

Mais, même dans ce conflit majeur, tous les autres affrontements se poursuivent et ils peuvent prendre le dessus à tout instant, reléguant au second plan ce qui apparaissait principal.

Ces luttes sont d'autant plus complexes, multidimensionnelles que l'homme poursuit depuis l'origine, par un combat tenace qui prend toutes les formes, son *individualisation, c'est-à-dire l'affirmation de l'autonomie de sa personne,* de l'indépendance de ses décisions et donc de sa pensée.

Il lutte, avec plus ou moins de force et de réussite suivant les civilisations, les circonstances, les déterminations de chaque être, pour manifester sa singularité, le caractère unique de son destin, et l'existence, dans sa courte vie, d'un projet individuel.

Cela le conduit à se séparer des autres, qu'ils appartiennent à sa famille, à son clan, à sa tribu, à sa classe, à sa cité, à sa nation.

C'est dans cette confrontation de l'un avec le groupe – dans l'abnégation du sacrifice, la sainteté, la trahison ou la domination du Chef, si l'on choisit des situations limites – que l'homme constitue sa personne et prend conscience d'elle. Sa vie est brève, mais elle est *sa* vie.

Il peut fusionner avec un groupe, en accepter toutes les

valeurs. Il sait cependant, fût-ce dans un bref éclair de lucidité, qu'il souffre et meurt seul.

Cette identité personnelle, cette liberté individuelle, ce désir et cette volonté d'être soi, pour soi (que l'on ait conscience ou non de ce désir) empêchent donc de limiter les luttes que mène l'homme à une seule dimension.

L'acteur de ces luttes est animé par une volonté irréductible à celle du groupe dont il fait partie.

L'histoire est ainsi faite d'une prolifération des hommes, de la constitution entre eux de groupes de plus en plus nombreux, de solidarités de plus en plus fortes, mais les divisions, les fragmentations, les oppositions demeurent et s'avivent.

Et alors qu'un processus d'unification semble se réaliser, *la volonté d'individualisation des groupes les uns par rapport aux autres, de l'individu face au collectif, est l'une des lignes de pente majeure de l'histoire.*

On en repère la trace dès que l'homme apparaît.

Elle s'affirme éclatante dans la Cité grecque, elle s'exprime dans les œuvres des auteurs latins qui, au cœur de l'Empire, maintiennent vivace cette volonté d'intelligence et de lucidité, analysant les comportements individuels de ceux qui composent les cercles du pouvoir.

Mais, en même temps que l'homme manifeste ainsi sa « liberté » dans le groupe, les foules d'« hommes-outils », les esclaves, sont maintenus dans la servitude de choses animées, qu'on peut à loisir utiliser, rejeter, détruire. Et c'est sur cette réalité inégalitaire que se construisent la Cité, l'Empire et l'univers politique.

Ainsi, alors que l'homme s'arrache à la « nature » pour organiser la société et que l'individualisation de sa démarche est révolutionnaire, d'autres hommes, innombrables, sont asservis, niés comme personnes.

Ce développement de l'homme s'accomplit donc dans des conditions inhumaines et cependant c'est de cette manière que se déploie, pas à pas, la conscience humaine.

Les religions monothéistes témoignent de cette « individualisation » de l'homme, qui est à l'origine du rapport *personnel* qu'il établit avec Dieu, cette puissance solitaire et créatrice, projection et incarnation du désir d'autonomie et de souveraineté humaines.

Et la revendication d'identité pour tous les hommes – qu'ils soient juridiquement libres ou esclaves – que contient le christianisme dessine un visage mythique aux aspirations d'égalité entre les hommes, à leur recherche d'une dimension individuelle de chaque vie.

Mais c'est le capitalisme qui donne au processus d'individualisation une accélération décisive.

Il décape toutes les illusions en substituant le rapport marchand aux autres types de relations. Il pénètre tous les domaines et tous les espaces.

Chaque individu devient d'abord *le propriétaire* de sa force de travail qu'il doit *vendre* pour *acheter* ce qui est nécessaire à sa survie.

La société subit ainsi une transformation révolutionnaire qui, dans un mouvement de longue durée, avec des phases de grands bouleversements et des périodes de stabilisation, voit apparaître une classe bourgeoise, acteur et produit du capitalisme, possédant les moyens de production, contrôlant les échanges, soucieuse de prendre le pouvoir politique et provoquant, par ses besoins en force de travail et les nouvelles valeurs qu'elle véhicule, la désagrégation des couches sociales antérieures (la paysannerie, l'aristocratie) et des modes de vie qui leur étaient attachés (la civilisation agraire).

La bourgeoisie libère, elle se libère mais elle opprime, elle aliène et elle s'aliène.

Emportée par la logique capitaliste, par l'énergie que suscite l'explosion des passions individuelles, elle constitue de nouvelles formes politiques et sociales – les nations – en passant des compromis avec les détenteurs du pouvoir (les souverains, les noblesses) ou en brisant l'ordre ancien par la révolution.

Mais surtout, cet essor du capitalisme – et de l'individu – provoque de nouvelles luttes.

Lutte des classes entre ceux qui possèdent les moyens de production et ceux qui vendent leur force de travail. Lutte pour le pouvoir entre bourgeoisie et aristocratie. Lutte entre les bourgeoisies nationales pour le contrôle de nouveaux territoires – marchés et ressources.

Le capitalisme apparaît vite comme une formation économique et sociale dynamique, puissante et multiforme. Chaque homme devient en effet un acteur « libre » du développement du système, parce qu'il y est « enchaîné » par des rapports de production qui en font un rouage agissant par lui-même en tant que personne et en fait « agi » par l'échange travail contre argent, argent contre marchandises.

Le capitalisme génère ainsi des transformations scientifiques et techniques qui modifient radicalement les conditions et les moyens de la production.

La manufacture, l'usine apparaissent avec leur production en masse et leurs « armées » de travailleurs – le prolétariat.

Ainsi, contradictoirement, alors même qu'il généralise la notion d'individu – et sa réalité économique et politique : le suffrage universel consacrant cet individu – le capitalisme uniformise et vide la personne du suc de l'identité.

L'artisan, créateur d'une œuvre, disparaît. Le paysan maître sur sa propriété, entouré d'une communauté familiale et villageoise, rejoint les métropoles et devient l'anonyme ouvrier d'une usine.

Pire : la liberté individuelle des uns se construit sur l'asservissement ou le massacre des autres.

Dans les pays qui voient naître le capitalisme (les pays d'Europe occidentale, Italie, Allemagne, Pays-Bas, Angleterre, France), la bourgeoisie écrase ceux qu'elle exploite, même si ces « opprimés » ont désormais la « liberté » de vendre leur force de travail et sont « libres » de quitter leur résidence, leur emploi, libres de s'enrichir, mais aussi de mourir de faim.

Misère ouvrière, physiologique, morale ; dégradation des conditions de vie dans les premières décennies de l'époque industrielle ; travail des enfants ; maladies professionnelles, accidents du travail ; hommes traités comme des objets que l'on met au rebut après usage ; femmes réduites à la prostitution ; alcoolisme : qui dira les dizaines de millions de vies humiliées, saccagées, détruites, que le capitalisme dans son développement – et avant que s'organise la résistance ouvrière – a jetées vives dans les hauts-fourneaux de sa croissance et enfoui dans les puits de mine de ses crises ?

Il y a plus sinistre encore dans cette comptabilité qu'il faut rappeler, tant le capitalisme et ses hérauts sont oublieux de ce tas d'ossements qui tient lieu de soubassement à tous les palais de l'industrie que bâtissent les dynasties bourgeoises. En effet, si la plus-value arrachée au travail des prolétaires et des paysans dans les pays capitalistes est l'une des conditions de développement du capitalisme, si le « surtravail » des « exploités » est source de profit, l'une des origines du capitalisme, à la source de l'accumulation bourgeoise primitive qui permet les investissements, est bien le pillage du reste du monde.

Car le capitalisme est, dès ses origines, mondial : il vise à englober l'ensemble des hommes et leurs activités.

Mais en même temps qu'il *construit* ce marché mondial, il détruit les civilisations dans lesquelles il pénètre les armes à la main.

Combien de dizaines de millions de morts (60-80 ?), dans la conquête de l'Amérique indienne ? Des trésors volés, des civilisations annihilées, des peuples exterminés.

Des fleuves de sang pour que l'art, l'intelligence, la personne humaine et la sensibilité – puis les *Lumières* – s'épanouissent dans le petit canton de l'Europe occidentale.

Et plus tard, parce que la force de travail est nécessaire et qu'elle est une marchandise qui a son prix, sur laquelle des bénéfices sont possibles pour des intermédiaires, la traite des Noirs videra l'Afrique de sa substance humaine, pour fournir des bras aux champs de coton, de canne et de tabac de l'Amérique et des Iles, et enrichir les armateurs – bourgeois éclairés et policés – de Nantes ou de Bordeaux, ces négriers, ces meurtriers, ces nobles figures du capitalisme.

Combien de morts dans les cales des grands voiliers, combien de vies pour les splendides façades des hôtels particuliers des grands ports atlantiques ? Et ce bel et bon profit, cette sève du capitalisme, nourrie de tant de vies, viendra irriguer les zones avancées du monde – l'Europe.

L'esclavage ne sera supprimé en France qu'en 1794 – cinq années après la proclamation des droits de l'homme. Il sera rétabli par Napoléon Bonaparte et définitivement aboli seulement en 1848. Il ne sera effacé des États-Unis qu'en 1865 !

Tel est le socle du capitalisme.

Tel est le charnier immense – aux dimensions du monde – sur lequel s'est bâtie sa puissance.

Rien n'échappe au capitalisme.

Il devient en moins de deux siècles l'économie-monde, enserrant toute la planète dans ses mailles.

Les groupes les plus fermés – et même les ordres religieux ! – les activités les plus chargées de symboles – les médecins, les créateurs, les clercs, les soldats, etc. – sont tous, avec plus ou moins de résistances, soumis au règne du marché, de l'argent, de la recherche du profit maximum.

Des apparences sont parfois préservées, des « archaïsmes » se maintiennent, mais par pans entiers les murailles – et les consciences – cèdent.

Les Églises spéculent sur les biens fonciers. Il existe des banques catholiques, emportées comme les autres dans les secousses des systèmes financiers.

Les sociétés agraires dans les continents les plus lointains, les tribus les plus reculées, au cœur de la forêt, ou sur les banquises, sont elles aussi entraînées dans le tourbillon.

Tout, à la surface de la terre, est régi par ces nouveaux rapports économiques.

Tout devient « chose ». La vie, le plaisir, le temps, l'espace, la création artistique ou scientifique, sont affectés d'une valeur marchande.

Et cette logique du système structure peu à peu la conscience des hommes.

Ils sont libres, juridiquement, socialement, mais leur liberté ne peut se déployer que dans le cadre des lois du capitalisme. Leur liberté est aussi une marchandise qu'ils doivent vendre.

Des résistances existent certes.

Celles qui, politiques, proviennent des tenants de l'ordre ancien sont brisées ou tournées. Les aristocraties foncières sont dépossédées ou se rallient aux nouvelles valeurs. De monarchie constitutionnelle en République, le capitalisme plie la politique à ses lois.

Mais il se heurte aussi à la révolte de ceux qu'il libère pour mieux les exploiter et mieux les asservir.

Ceux-là que la misère étrangle, dont on a tranché les liens millénaires du servage pour les enchaîner au travail, où ils sont leur propre garde-chiourme, s'insurgent, rêvant d'un monde nouveau où leur liberté ne serait plus une marchandise vendue par avance.

Ces révoltes de la misère et de la dignité, ces insurrections du rêve et de l'espoir, qui ont chacune leurs causes singulières et qu'expliquent les circonstances, mais qui s'enracinent toutes dans ce désir des hommes exploités, d'être enfin libres pour eux-mêmes, et participent ainsi de la volonté d'autonomie et d'individualisation de la personne, sont réprimés avec sauvagerie.

On extermine à Paris (en juin 1848 ou en mai 1871) les « barbares » comme d'autres acteurs du capitalisme avaient exterminé, sur d'autres continents, les populations « sauvages ».

L'homme n'est libre et respecté dans sa personne que s'il accepte, volontairement, sa servitude.

S'il la refuse, il fait partie des « classes dangereuses ». Marginal au système ou le contestant, il doit être réduit à l'obéissance, surveillé et puni.

Toute l'histoire politique et sociale du capitalisme est marquée par cette volonté d'empêcher, de réprimer par la force toute contestation du système qui pourrait réduire les profits ou le taux de la plus-value.

C'est ainsi que la limitation de la durée du travail y compris pour les enfants, le droit au repos, à la retraite sont refusés par les capitalistes. De même que l'organisation en syndicats du monde ouvrier ou le droit de grève.

C'est la lutte qui permet de faire aboutir ces revendications. Elles annoncent la naissance d'une critique radicale du capitalisme.

Dès la deuxième moitié du XIXe siècle tout y conduit. L'armée du prolétariat continue de subir des conditions qui dans les métropoles européennes lui permettent seulement de survivre, alors que le mouvement impétueux de la science et de la technique, déclenché par le capitalisme, assure une production de masse, et des gains fabuleux ou des rentes à la bourgeoisie. Cette réalité condamne définitivement l'idée d'un monde stable aux valeurs fixées.

Tout bouge, sous la poussée capitaliste.

Le marché mondial existe. Des continents entiers sont partagés entre les grandes puissances et entrent dans l'économie-monde.

La vision du monde se laïcise.

Le capitalisme apporte avec lui cette libération des mythes et des superstitions. Il rationalise. Il exalte la maîtrise sur le monde. Et il libère les hommes de leurs vieux liens avec la terre, les structures stables, qu'elles soient familiales, sociales ou politiques.

En même temps, il multiplie les capacités productives.

Cette exaltation des pouvoirs de l'homme, cette liberté de l'individu proclamée, cette mobilité qui devient la caractéristique des sociétés, en même temps que l'expérience d'une vie cruelle au plus grand nombre, incitent à une reprise des valeurs d'identité et d'autonomie de l'homme qui courent tout au long de l'histoire de l'humanité et à leur actualisation dans le cadre du capitalisme.

Ainsi la « nostalgie » d'un âge d'or, précapitaliste, se marie-t-elle avec une utopie libératrice et une analyse qui se veut scientifique du système.

Le capitalisme donne ainsi naissance au *Socialisme,* et l'économie-monde, l'existence du marché mondial à l'internationalisme.

A l'impérialisme répond le « prolétaire de tous les pays, unissez-vous » de Karl Marx.

Désormais, le capitalisme rencontre une opposition organisée qui revendique une amélioration matérielle des conditions de travail et de vie, pèse sur l'État, et rêve d'un autre système économique et social.

Les revendications ponctuelles ne mettent pas en cause la logique du système capitaliste. Elles l'obligent à des compromis, à une organisation différente du travail, à une rationalisation plus grande, à la recherche de gains de productivité par le perfectionnement des processus de production, à l'invention scientifique et technologique, à des déplacements dans des régions moins contestatrices, des activités liées à la main-d'œuvre.

Mais dans un monde « fini », où les grandes puissances ont chacune délimité leurs zones d'influence, dans un capitalisme où la rentabilité tend à diminuer, où les investissements et les risques doivent toujours être plus importants, les possibilités de conflits et de crises s'accroissent.

D'autant plus que la spéculation financière, les exportations de capitaux – un aspect de la délocalisation, une manifestation de l'économie-monde – aiguisent les contradictions entre puissances capitalistes.

Car le capitalisme, en cette fin du XIXe siècle, s'il s'internationalise et croise ses intérêts, n'a pas effacé les réalités nationales, les oppositions nées de l'histoire.

Au contraire, il s'est souvent moulé dans ces structures étatiques pour utiliser la force et le dynamisme nationaux comme vecteur de son expansion.

Il existe ainsi un capitalisme allemand et un capitalisme britannique ou français, tous à vocation mondiale. Et le nationalisme traditionnel des États-nations est exacerbé, mis au service des intérêts marchands industriels et financiers.

La fusion s'opère entre ces différents secteurs et les visées stratégiques, diplomatiques ou militaires. L'industrie des armements devient même un secteur clé de l'économie et l'un des plus fructueux.

Le capitalisme par un processus contradictoire tend ainsi à nier, dans sa constitution d'une économie-monde, les frontières nationales, les identités particulières par la fonction unificatrice du marché, mais *en même temps* il renforce les différences, donne une nouvelle raison d'être au nationalisme et à l'expansionnisme traditionnels.

Tout aussi contradictoire : *en même temps* que le capitalisme « individualise » les hommes, il les rassemble en grandes masses, armée de prolétaires, et armée du service militaire obligatoire, et il les uniformise, par la consommation des mêmes produits, les « uniformes » qu'il leur fait porter, les armes qu'il leur distribue, le combat dans lequel il s'apprête à les faire entrer et qui sera l'affrontement de millions d'hommes.

Car c'est la guerre, une guerre mondiale qui ponctue en 1914 le développement du capitalisme.

Et c'est bien le capitalisme qui en est la cause principale, dans la mesure où le réseau d'intérêts et d'affrontements qu'il a tissé sur toute la planète est la condition de la généralisation d'un conflit local dont les origines sont à rapporter aux conditions historiques régionales.

Mais ce ne sont pas les rivalités nationales et ethniques dans les Balkans qui caractérisent la guerre de 1914-1918.

La Première Guerre mondiale est d'abord l'expression de l'économie-monde capitaliste et des heurts entre les puissances impérialistes qui luttent chacune pour une part plus large du marché mondial.

Elle est définie par son aspect « industriel », la production des armements en série, qui sont la traduction de la puissance de l'industrie capitaliste.

Elle mobilise des masses qui montrent à quel point le capitalisme a transformé la société, devenue celle de l'armée du prolétariat, quand aucune fraction de la population – et de l'activité – ne peut échapper à l'État, bras séculier d'une économie qui englobe tout l'espace national et toute la population.

Elle a un soubassement financier, puisque c'est par une « guerre » financière que s'exprime la rivalité des intérêts, et elle permet d'immenses profits réalisés par les capitalistes dans les industries d'armement.

Elle se conclut par un partage des dépouilles quand, au terme de la guerre, le vaincu est livré à ses concurrents vainqueurs, qui n'ont aucun souci de préserver les chances futures de la paix.

Enfin cette guerre recouvre aussi l'opposition entre « opprimés » et « oppresseurs ».

De ce point de vue, elle marque d'abord la défaite de l'internationalisme socialiste (la IIe Internationale) face à la logique du capitalisme et du militarisme nationaliste.

La course de vitesse engagée entre les socialistes et les États est perdue, et le capitalisme national mobilise toutes les énergies sans rencontrer pendant près de trois années une résistance significative.

L'espoir de ceux qui voulaient – ainsi Jaurès –opposer au capitalisme, qui « porte en lui la guerre comme la nuée porte l'orage », la fraternité des prolétaires s'est brisé.

Les « prolétaires » sont déjà « individuellement » intégrés à la société capitaliste-nationale. Et ils vont mourir dans cette guerre où s'opposent d'abord des intérêts.

Il faudra attendre 1917 pour qu'explosent des mutineries dans les armées des pays en guerre et que la Russie entre en Révolution.

La Première Guerre mondiale symbolise donc, de manière tragique, la réalité du capitalisme.

La guerre n'est en effet que l'un des visages, le plus sanglant, des crises qui sont une donnée permanente du fonctionnement économique et social du capitalisme.

Elles sont le mode par lequel le système s'épure, sélectionne les meilleurs entrepreneurs et les plus performantes des firmes, réduit l'utilisation de la force de travail, adapte ses moyens de production aux besoins du moment, se dote de nouveaux procédés de fabrication, dégage de nouvelles marges de productivité, de profit et de plus-value, et enfin se développe.

Ces crises, partielles ou générales, sont inscrites dans la nature même du système, qui tel un organisme vivant mêle en permanence la vie à la mort. Mais parce que, dès la fin du XIXe siècle, le capitalisme enserre toute la planète, la crise embrase le monde entier, et parce que le capitalisme pénètre tous les domaines, les conséquences de la crise sont à chaque fois plus lourdes.

La Première Guerre mondiale, ses millions de morts et ses destructions, en portent témoignage.

Car toute crise du capitalisme – partielle ou générale – entraîne, en termes humains, misère, désespoir, mort, saccage, creusement des inégalités entre les hommes, les régions, les continents.

Ce mode de fonctionnement, *qui échappe aux hommes tout en étant le produit de leur activité,* et c'est une contradiction fondamentale, apparente bien le capitalisme à un phénomène naturel, qui crée et broie hommes et choses.

Du point de vue de l'homme, d'une vision humaniste de l'histoire, le coût humain du développement capitaliste, l'impuissance à maîtriser les cycles, le gaspillage des ressources sont une abdication et un scandale.

D'autant plus évidents quand l'humanité tout entière est écrasée dans les mâchoires d'une guerre mondiale, dont il est clair qu'elle ne peut rien résoudre, puisqu'elle n'est qu'une des formes – la plus barbare – de la crise, c'est-à-dire du processus capitaliste.

De ce point de vue, la Première Guerre mondiale est exemplaire.

Elle est née des heurts entre les impérialismes dans un monde partagé et où donc la compétition s'avive.

Elle surgit aussi du ralentissement d'une première vague d'industrialisation et de consommation et donc d'une limitation des débouchés et d'une baisse des profits.

Elle est suscitée enfin par la montée en puissance d'un mouvement ouvrier et socialiste qui réclame une part plus importante de la valeur produite par le travail et conteste le système lui-même.

La guerre n'abolit pas ces contradictions, qui sont l'essence même du capitalisme, elle en modifie tout au plus l'expression. Et souvent elle les rend plus aiguës.

Les combattants de la Première Guerre mondiale croyaient participer à la dernière des guerres.

Ils ont au contraire alimenté le brasier de la crise. Les millions de victimes sont tombées en vain.

Cette inhumanité, cette « folie », à l'origine du XXe siècle, sont au cœur le plus intime de l'histoire du capitalisme.

Ce grand massacre – dix millions de morts au moins – sur lequel se construisent une fois encore, comme à toutes les étapes de l'histoire du capitalisme, de grandes fortunes, et qui permet aussi une amélioration de la production – donc une augmentation des profits –, est l'expression condensée de la barbarie du capitalisme.

Car une guerre est bien une manière, *barbare,* de trancher les rivalités entre États capitalistes. Elle est le moyen de s'emparer de marchés et de ressources et d'empêcher un concurrent de dominer l'économie mondiale.

Aucun grand principe moral ou religieux n'est à l'origine du caractère mondial et industriel de ce conflit. Il s'agit de concurrence et d'intérêts. Même si le patriotisme donne à la guerre son contenu humain et tragique.

Cette Première Guerre mondiale est ainsi le moment de vérité du capitalisme.

Ce système est facteur d'ordre et de rationalisation, d'expansion, de développement industriel, mais *en même temps* il est à l'origine du chaos et du désordre sanglant, des destructions en masse des biens, de la mort de millions d'hommes provoqués par la guerre.

Aucune circonstance atténuante pour ce conflit qui ravage l'Europe, creuse des sillons de mort dans des pays entiers et surtout, par ses conséquences, détermine l'histoire du xxe siècle.

C'est la « barbarie » du premier conflit mondial qui explique les « barbaries » du xxe siècle.

Communisme russe, fascisme, nazisme, naissent entre 1917 et 1919, produits de cette guerre du capitalisme.

C'est donc sur ce charnier qui va contaminer tout un siècle que se clôt la première phase de l'histoire du capitalisme.

Ce système économique et social qui conduit à l'unification du monde a été la manière barbare qui a permis à des millions d'hommes d'exprimer leur individualité.

Mais cette « individualisation » s'est construite sur la mort de millions de victimes, l'exploitation de centaines de millions d'autres.

Et elle est une individualisation « aliénée ».

Par et dans le capitalisme, grâce à lui, l'homme devient un individu, mais c'est pour mieux se transformer en « chose », mise en vente au prix du marché.

2

Les impasses criminelles de la première moitié du XXe siècle

(1918-1945)

La Première Guerre mondiale a redistribué les cartes sans modifier les règles du jeu.

La rivalité entre capitalismes nationaux, le heurt des intérêts financiers, la lutte pour le contrôle des marchés, la volonté de dépouiller le vaincu, de le faire « payer », ou bien celle de résister aux « vainqueurs » et de reprendre ce qu'on a dû céder, caractérisent cette nouvelle phase de l'histoire du capitalisme, dont la guerre n'a donc été qu'un moment paroxystique.

Le monde est plus que jamais uni et éclaté.

La guerre a manifesté l'existence d'une économie-monde où tout est noué et en même temps elle a accentué les différenciations ou en a créé de nouvelles.

Les États-Unis et le Japon s'affirment comme puissances mondiales, l'Europe recule, l'Allemagne en son sein est une zone de dépression particulière, nation vaincue, butin des vainqueurs – elle doit verser des « réparations » – et pourtant centre potentiel de force économique conquérante.

Le système financier mondial exprime par son désordre cet état contradictoire du monde. Endettement des États – dettes publiques, dette à l'égard des États-Unis – affaiblissement des monnaies traditionnelles (franc, mark, livre), prééminence des États-Unis, qui ont multiplié par quatre leurs réserves d'or.

L'inflation, la spéculation, l'écart entre la représentation monétaire et la valeur de la production s'accroissent.

L'après-guerre est donc une situation de crise, qui manifeste l'incapacité du capitalisme à *contrôler* son développement, à *organiser* l'économie-monde.

La guerre n'a fait que déplacer les pôles de puissance.

Tous les éléments sont en place, dès 1918, pour une nouvelle période paroxystique.

La guerre des armées s'est simplement muée en implacable guerre économique.

D'autant plus que le conflit a favorisé les processus de concentration, les méthodes efficaces de production, l'organisation « scientifique » du travail qui dégage des marges accrues de productivité.

La fabrication à la chaîne – impératif des usines d'armements – devient courante. Les *Temps modernes,* où l'ouvrier est « rivé » à sa machine dans le cadre d'un travail répétitif, dépourvu de toute « intelligence », deviennent – et d'abord aux États-Unis – la règle.

L'homme est réellement un « rouage » du système productif.

Ainsi le capitalisme « déshumanise » la production, accélère la séparation entre temps de travail et temps de vie. L'existence humaine est fragmentée comme l'espace : lieu de travail, lieu d'habitation et de loisirs, structurent des vies quotidiennes urbaines, « libres », dévoreuses de temps et donc, en fait, de liberté.

De même l'écart se creuse entre zones développées et pays « coloniaux » dominés, à partir desquels s'opère un transfert de valeurs vers les « métropoles ».

Le pillage continue ainsi, accentuant la différenciation mondiale entre « pays riches » et « pays pauvres ».

Donc, quel que soit l'angle de vision, à l'intérieur d'un mouvement de massification et d'unification, *l'inégalité* apparaît comme l'effet premier du capitalisme, au fur et à mesure qu'il se développe.

L'après-Première Guerre mondiale est particulièrement significatif, puisque la guerre a été une accélération dans l'histoire du capitalisme.

Tout le système a été entraîné par ce changement de rythme. La guerre a joué le rôle de période d'expérimentation à grande échelle, et la « reconstruction » achevée dans les pays détruits par les combats, une deuxième industrialisation se diffuse alors que la première (chemins de fer, textile, etc.) s'essouffle.

Industrie des machines, mécanisation de l'agriculture, industries automobile et aéronautique, industries chimiques (engrais), industries liées à la communication (radio, cinéma), industries des produits domestiques – du réfrigérateur aux produits d'entretien ménager – etc., donnent un coup de fouet au capitalisme. Les crédits à la consommation, la spéculation accompagnent cette expansion.

La spirale du développement s'élargit et accélère sa rotation faisant se succéder, suivant les pays, périodes d'euphorie et de crise, et ce jusqu'aux années trente.

Mais la guerre, comme cette « deuxième industrialisation » – issue de la guerre –, et les changements dans les modes de vie qu'elle entraîne ont avivé le désir d'« individualisation » des hommes.

Et cette contradiction, entre le désir de liberté et d'autonomie des individus et les contraintes du système, devient, dès 1917, la plus brûlante.

Comment gérer cette masse humaine que le capitalisme rassemble (en grandes armées, en foules ouvrières, en citadins de métropoles tentaculaires), qu'il laïcise de fait, qu'il émiette en individus, qui ont la « liberté » de vendre leur force de travail afin d'acheter librement des produits, et qu'il doit cependant intégrer et contrôler ?

La militarisation implacable de la guerre elle-même a été impuissante à empêcher l'explosion des mutineries et de la révolution russe.

Puisque celle-ci l'emporte, le capitalisme se trouve pour la première fois confronté à un espace, à un système économique, politique et social, qui n'est pas « antérieur » à lui, mais qui se proclame différent, prétend se situer au-delà dans le développement historique, conteste les valeurs et la logique capitaliste, et se ramifie à l'intérieur des pays capitalistes comme une force de refus (les partis communistes).

Or, dans un premier temps, ce « communisme » réussit

l'alliance entre les aspirations à l'individualisation (le désir de liberté, la révolte contre les contraintes et les injustices du capitalisme, la volonté d'épanouissement individuel au-delà de la vente de sa force de travail, le souci de l'unité de l'homme) et la nécessité d'agir ensemble, d'établir l'accord entre l'un et les autres.

Il est – et d'autant plus si l'on ajoute la présence des socialistes – une menace contre le système capitaliste, car il exploite ou introduit un élément d'insubordination et de refus. Et il conduit au risque – politique – de « révolution », avec remise en cause des structures économiques, des rapports de production, c'est-à-dire des profits.

Ainsi à l'issue de la Première Guerre mondiale, cette contradiction idéologique, politique et sociale est-elle au cœur de la période de l'histoire du capitalisme qui commence.

Bien entendu cette contradiction majeure est enrichie par toutes les données particulières qui font de tout moment historique un nœud complexe où se chevauchent les héritages nationaux, les actions individuelles, les évolutions lentes comme les données du hasard.

Et chaque situation pour être décryptée exige une analyse fine qui isole chaque déterminant avant de mesurer les interactions.

Mais cela dit, la donnée centrale reste que le capitalisme, au début du XXe, doit à la fois vivre ses conflits habituels, ses crises classiques (heurts des capitalismes nationaux, concurrence, problèmes monétaires, surproduction, modernisation) *et la montée du désir d'individualisation humaine,* avec son épisodique visage communiste.

Plusieurs « solutions » existent au sein du système capitaliste pour maîtriser cette contradiction.

Elles se mettent en place en fonction des données historiques nationales, des circonstances, mais leur finalité est la même : comment *intégrer* l'individu au système ? Comment concilier son désir de liberté – dont le capitalisme est à la fois le fruit et la cause – et sa soumission nécessaire aux lois du capitalisme qui le dépossèdent de cette liberté qu'elles lui accordent ?

La solution par le « haut » consiste à lui offrir plus de liberté, à diminuer son temps de travail, à favoriser son « individualisation » par une consommation personnalisée qui suppose une production de masse (à la chaîne) de produits dont les prix baissent alors même que le salaire augmente.

Cela implique une « organisation » rigoureuse du travail, des techniques et des moyens de production renouvelés, un « dressage » de l'ouvrier.

Cette solution se met en place aux États-Unis, dès les années vingt – par exemple dans le cadre de l'industrie automobile (Ford). Elle rend les ouvriers solidaires à la fois de leur firme et du « système ». L'individualisation accélérée caractérise l'évolution des modes de vie.

Mais cette solution entraîne la mise au chômage d'autres individus, rejetés par la hausse de la productivité, l'organisation rationnelle du travail. Et ainsi s'opère une différenciation accrue : des masses importantes d'individus sont marginalisés en même temps que d'autres, intégrés, accèdent à une plus grande liberté.

Cette solution n'est d'ailleurs praticable, en termes de profit, qu'autant qu'existent précisément ces « couches » exploitées durement, soit dans la société nationale même, soit dans les pays coloniaux, qui sont source de valeur pour l'ensemble des métropoles.

Le système financier – crédit à la consommation, spéculation boursière – rend possible cette individualisation, en même temps qu'il la fragilise.

La hausse de la productivité (multipliée par cinq en quelques années) provoque d'ailleurs des phénomènes de surproduction. Et la crise générale de 1929 met en évidence la précarité de cette solution par le haut.

La « crise » demeure bien le mode de développement du capitalisme.

Celle de 1929 a les effets d'une guerre. Misère (le chômage touche plusieurs dizaines de millions d'individus), faillites, destruction de ressources : le monde capitaliste dans son entier est touché et ne se redresse pas.

Malgré la politique du New Deal (grands travaux, réforme du système bancaire, politique de compromis social, etc.) le capitalisme américain en 1940 est encore loin d'avoir retrouvé sa production de 1928 et il reste 10 % de chômeurs aux États-Unis.

Mais « l'individualisation » a progressé : baisse de la durée du travail, augmentation des salaires.

La solution par le « haut » demeure, aux États-Unis, la réponse apportée à la contradiction principale de l'époque.

Cette solution implique la régulation par l'État de certains éléments de l'économie.

C'est le pouvoir politique qui, en fait, choisit cette solution, parce que, dans le cadre d'un système démocratique pluraliste, il exprime le « désir d'individualisation » des citoyens.

Celui-ci utilise les élections, anime les luttes politiques et syndicales pour imposer ses vues.

Elles sont le produit des histoires nationales : Le New Deal de Roosevelt ne ressemble pas au Front populaire de Léon Blum, mais dans l'un et l'autre cas il s'agit, avec des modalités différentes, de susciter dans le cadre du système capitaliste des orientations qui, sans contredire sa logique profonde ni mettre en cause son existence, modifient le rapport de force entre ceux qui possèdent les moyens et les forces de production et ceux qui vendent leur force de travail.

Par là même, cette intervention, étatique, influe sur le développement du capitalisme, la manière dont il recherche les gains de productivité, et la façon dont il récupère les taux de profit.

Une rationalisation autre que spontanée, imposée par la politique, est ainsi introduite dans le système. Et elle assure – au moins sur le court terme – un apaisement pour certaines catégories sociales de la contradiction entre « individualisation » -autonomie de l'individu et contraintes du système.

Mais ce type de solution n'est possible que dans des circonstances historiques particulières.

Il y faut une tradition nationale démocratique, un jeu pluraliste des forces politiques, la capacité des leaders à intervenir à temps, et surtout l'existence de *marges* de profit suffisantes, une possibilité de retrouver par ailleurs des gains abandonnés là. Ces caractéristiques n'existent pas dans toutes les expressions nationales du système capitaliste.

Les États-Unis (sortis grands vainqueurs économiques de la Première Guerre mondiale), la France (maîtresse d'un empire colonial), qui disposent tous deux d'un régime démocratique, peuvent mettre en œuvre cette solution.

Ce n'est le cas ni de l'Italie ni de l'Allemagne où les traditions politiques démocratiques sont superficiellement enracinées (ni l'une ni l'autre de ces nations n'ont connu de révolution démocratique au XVIIIe siècle : fait décisif).

Elles n'ont pas (peu ou plus) de dépendances coloniales qui leur permettraient un transfert de ressources. Elles sont de fait fragiles face à la revendication d'« individualisation » qui s'exprime d'abord dans les années dix-neuf-vingt.

L'Italie bascule dans le fascisme dès 1922. L'Allemagne est secouée par la révolution et voit naître le parti nazi, et elle subira le nazisme après la crise de 1929.

Dans ces deux pays, c'est par *la répression* du désir d'individualisation que le « capitalisme » résout la contradiction qui l'habite.

Fascisme et nazisme en effet ne sont pas des régimes politiques « anticapitalistes ».

Issus directement de la crise du capitalisme, ils ont au contraire pour fonction de briser par la violence tout ce qui s'oppose à la dynamique capitaliste. Et très concrètement aucun de leurs leaders n'eût pu accéder au pouvoir sans l'appui direct des milieux industriels et bancaires.

Des conflits secondaires opposeront certes les pouvoirs politiques fasciste et nazi aux maîtres de l'économie capitaliste, mais ils ne doivent pas dissimuler ce fait majeur : le fascisme et le nazisme ont favorisé l'expansion et la rationalisation capitalistes.

Ils ont tenté aussi, par la mystique nationale et la contrainte, d'étouffer la revendication de liberté des individus afin de *les intégrer* brutalement au processus de production capitaliste en permettant une augmentation considérable des profits.

La frustration consécutive à la guerre explique aussi le succès de cette mystique nationale.

Le partage « capitaliste » s'est réalisé au profit des plus grands vainqueurs. L'Italie a ainsi le sentiment d'avoir vu sa victoire « mutilée » et son capitalisme n'a pas bénéficié de sa part de butin.

Quant à l'Allemagne, elle est la victime du Diktat, celle que l'on dépouille.

La guerre économique conduite par les vainqueurs contre les vaincus au lendemain de la guerre, et qui est l'une des expressions de la logique capitaliste, est donc l'une des causes directes du fascisme et du nazisme.

Dans ces régimes politiques, les syndicats sont brisés, les grèves interdites, les partis d'opposition anticapitalistes dissous et leurs membres persécutés.

L'État tient le glaive.

Non plus pour orienter le capitalisme vers une solution « par le haut » (type New Deal ou Front populaire) mais pour contraindre les individus à la discipline et à l'obéissance.

Le prix de vente de la force de travail est « imposé ». L'ouvrier soumis.

Le chômage est réduit – au moins en Allemagne – et l'État pousse à la concentration des entreprises, à la création de cartels.

Ce n'est en rien une « étatisation » (même si en Italie naissent des entreprises d'État) mais au contraire le renforcement du capitalisme allemand traditionnel.

L'État l'incite à s'organiser. Lui cède les participations qu'il avait pu acquérir dans telle ou telle activité (ainsi dans les entreprises sidérurgiques, les chantiers navals, ou les régies municipales de production d'électricité).

L'État intervient aussi sur le plan extérieur pour conquérir des marchés, et redonner au capitalisme allemand sa dimension mondiale, limitée par la défaite de 1918. Ainsi la logique capitaliste se marie-t-elle avec les choix d'un groupe politique qui assure la soumission de la force de travail, l'organisation « rationnelle » la plus efficace du capitalisme allemand, des profits considérables réalisés dans les industries d'armement qui permettront l'expansionnisme et donc le développement du capitalisme.

La guerre était issue de la crise.

De la guerre naissait un redoublement de la guerre économique et un approfondissement de la crise, d'où surgissait le fascisme et le nazisme qui conduisaient à la guerre, pour partager à nouveau l'espace entre les capitalismes nationaux.

Avec comme but pour le capitalisme allemand de constituer un vaste marché, s'étendant de l'Atlantique à l'Oural, une « nouvelle Europe ».

Ce qui implique la défaite militaire de la France, son pillage et la domination de l'Europe centrale et de la Russie.

Ainsi serait rejouée la partie perdue par le capitalisme allemand au début du XXe siècle.

Et le monde capitaliste se diviserait en trois grands ensembles : l'anglo-saxon (États-Unis et Commonwealth), le Japon (avec lequel l'Allemagne fait alliance) et l'Europe continentale sous influence allemande.

Ces faits prouvent, à l'évidence, que le système capitaliste, non seulement peut générer la guerre mais qu'il peut porter en son sein, faire naître et soutenir ces régimes barbares, ces régressions que sont l'organisation et la domination « militarisées » d'une société telle qu'elle est réalisée par le fascisme et le nazisme.

Qu'il trouve à s'épanouir et à se développer sous la protection de cette structure étatique et qu'il l'utilise – comme elle se sert de lui – pour atteindre ses objectifs fondamentaux : utilisation au moindre coût de la force de travail, augmentation de la productivité et de la plus-value, conquête de nouveaux marchés, destruction des concurrents.

Faire du fascisme et du nazisme des « formes politiques » sans soubassement capitaliste, c'est masquer la réalité.

Mais, en même temps, fascisme et nazisme sont des impasses criminelles pour le capitalisme lui-même, dans la mesure où elles tentent de lier la dynamique capitaliste à un « esclavagisme » de fait.

Or, à terme, une contradiction majeure existe, entre le développement capitaliste et la non-autonomie des individus. La servitude ne peut, dans ce système économique, remplacer la « libre » participation des hommes à leur propre aliénation.

L'économie de marché suppose toujours cette dualité : *l'homme est « libre », pour s'asservir.*

On ne peut en faire un rouage actif (vendeur de force de travail, consommateur) qu'à la condition de lui laisser le simulacre de l'autonomie de sa décision.

Certes, un temps, l'exaltation nationaliste, la fusion de la société dans le projet guerrier expansionniste, peuvent fonctionner.

Et le mariage de valeurs « archaïques » – obéissance, fidélité, racisme – avec les valeurs marchandes et les rapports de production capitaliste peut être efficace.

Mais il conduit à l'impasse dont on ne peut sortir que par la guerre victorieuse, qui différencie les hommes en vainqueurs et vaincus. Les vainqueurs recouvrant leur « liberté ».

C'est cela aussi qui se cache derrière l'affirmation nazie selon laquelle il existe une « race supérieure » et des sous-hommes.

La race supérieure, dans le projet nazi, est celle qui aura la « liberté ». Les autres seront soumises, surexploitées.

La théorie raciste n'est, au fond, que la version extrême, idéologisée, de la séparation qui se crée partout en système capitaliste entre ceux qui bénéficient d'une marge grandissante d'autonomie, de bons salaires – d'une part de plus-value – et ceux qui sont « surexploités », qu'il s'agisse de peuples coloniaux, ou de citoyens voués à la pauvreté, au chômage ou aux travaux précaires.

En ce sens fascisme et nazisme sont moins des « exceptions » que la forme limite, tragiquement criminelle, des conséquences des processus capitalistes.

Ceux-ci semblent cependant inévitables puisque la sortie du système capitaliste voulue par le communisme est aussi, dès les années trente du xxe siècle, une impasse criminelle.

En effet, la tentative de rompre avec le capitalisme, de construire un autre système économique où les mécanismes du marché (la propriété privée des moyens de production, la recherche du profit, de la rentabilité, la vente de la force du travail, le « libre jeu » de la concurrence, etc.) sont remplacés par la gestion planifiée et centralisée (étatique) de l'économie est un échec.

Cependant, à l'origine, la révolution de 1917 s'inscrivait dans la volonté de briser avec les contraintes du capitalisme, d'apporter ainsi une *vraie* liberté à l'individu de « rationaliser » la vie économique et sociale en dépassant un système producteur de crise, de chaos, de désordre et pour finir de guerre.

Le communisme semblait ainsi prolonger les efforts du mouvement ouvrier, syndical et socialiste qui, tout au long de l'histoire du capitalisme, avait formulé ces mêmes buts. Le *Manifeste communiste* de Marx trouvait enfin son point d'application.

Mais cette « succession » au capitalisme se déroule dans un pays et une période marqués par la rareté, la violence et la guerre.

Si bien que les formes politiques dictatoriales imposent leur loi.

Et d'autant plus que le discours tenu est celui de « l'individualisation » des hommes.

L'écart entre le discours et les faits est aussi l'une des causes de la répression qui doit être d'autant plus absolue que le désir et l'espoir de libération ont été plus forts.

Par ailleurs, la gestion centralisée de l'économie et les objectifs de l'industrialisation ne permettent pas d'échapper à la nécessité de l'accumulation primitive du capital.

Il faut dégager de la plus-value. Il faut « piller » des territoires. Il faut surexploiter les hommes.

L'URSS est ainsi à elle-même sa propre colonie.

Son peuple devient un peuple soumis à la « traite », à la « servitude ».

Il connaît l'extermination comme les Indiens l'avait connue.

On le dépouille de ses biens (sa terre), on le spolie.

Et avec sa force de travail asservie (les camps, le travail forcé, le livret de travail) on construit une infrastructure économique.

Mais en même temps se constitue une « classe » privilégiée qui gère la propriété collective et qui se déchire comme si ses membres étaient « en concurrence » pour cette gestion.

Un tel système représente une régression *par rapport à l'individualisation que permet le capitalisme dans ses centres nerveux.*

Il s'apparente au fascisme et au nazisme par la servitude qu'il impose dans l'organisation économique et le fait qu'il interdit ainsi tout moyen de défense (syndicats, grèves, partis politiques, etc.) à ceux qui fournissent la force de travail. Mais dès lors, comme le fascisme et le nazisme, il se prive de la dynamique individuelle qui donne au capitalisme sa souplesse et son ressort.

Les substituts à cette absence de « mobile individuel » sont, comme dans le fascisme et le nazisme, une exaltation collective et mystique qui, en URSS, est celle du « communisme », de la « révolution », mais deviendra aussi, un nationalisme « soviétique ».

Le discours réussit longtemps à dissimuler la vérité des faits. Son « anticapitalisme » trouve écho, puisque, effectivement, le capitalisme réprime, exploite, frustre, extirpe de la plus-value.

La violence qu'il déploie dans les zones qui sont à sa marge (territoires coloniaux, catégories sociales les plus durement soumises aux lois du marché) rassemble, par réaction, autour du discours « communiste » les plus déterminés opposants à la domination capitaliste.

La « régression » que représente le « communisme » – sur le plan de l'individualisation notamment – est aussi d'autant moins perceptible que le capitalisme produit des « régressions » semblables avec le fascisme, le nazisme.

Dès lors, rares sont ceux qui dénoncent dans le communisme une *réponse barbare et régressive* au capitalisme.

Ils ne peuvent le faire qu'à partir des solutions « par le haut », démocratiques – le New Deal, le Front populaire – qui restent très rares et ne sont pas significatives d'une période sur laquelle plane l'ombre de la guerre.

Or la guerre c'est la militarisation et l'uniformisation des hommes et non leur « individualisation ».

C'est l'homme réduit à l'état de « rouage » discipliné et efficace de la machinerie militaire.

Ce n'est plus la force de travail qui est vendue-achetée, mais la vie qui est « donnée » par l'homme (au nom de ses

« idéaux ») ou qui lui est confisquée (la mobilisation, l'enrôlement obligatoire).

Et la guerre est la seule issue pour « l'impasse criminelle » que représentent le fascisme et le nazisme.

La servitude à laquelle ils ont condamné leurs peuples, les alliances qu'ils ont conclues avec leurs capitalismes nationaux, la mystique expansionniste qui soude autour du pouvoir – pour un court terme – les individus, poussent à déclencher le conflit.

D'autant plus que les solutions économiques trouvées à la crise et qui ont apporté la fin du chômage ont comme aboutissant la conquête de débouchés et le pillage des ressources.

Mais la guerre, ou tout au moins la tension internationale, sont aussi une issue pour l'impasse criminelle que représente le « communisme ».

Si les « capitalismes » se divisent et s'affrontent, un champ de possibilités s'ouvre au « communisme ».

Au-delà donc des aspects idéologiques, des circonstances diplomatiques, de l'appréciation par les différents gouvernements de la situation internationale, de leur volonté, la guerre s'inscrit dans un mouvement de fond qui emporte les hésitations, les résistances, les bonnes intentions.

La Deuxième Guerre mondiale n'est qu'une nouvelle phase du processus de crise engagé à la fin du XIXe siècle, quand le monde s'est *unifié* sous la trame capitaliste et qu'il *a éclaté* entre les intérêts contraires.

La Première Guerre mondiale n'a pas tranché.

La crise générale de 1929 a avivé les rivalités.

Un nouveau paroxysme mondial apparaît comme inéluctable.

Il se déclenche en 1939 après des prologues commencés dès les années trente (Mandchourie conquise par le Japon qui veut créer sa zone de domination, guerre d'Éthiopie déclenchée par l'Italie qui espère se tailler un empire colonial à exploiter, guerre d'Espagne, etc.).

Mais ce conflit, parce que le réseau capitaliste sur le monde s'est diversifié, que les antagonismes se sont renforcés, que les moyens matériels ont décuplé, que la Russie soviétique et son système « différent » sont un élément du jeu, est bien plus complexe que le premier conflit mondial.

Pourtant le second conflit mondial « rejoue » d'abord le premier.

En ce sens il est une guerre de « partage » des zones d'intérêt, une revanche du principal vaincu de 1918, le capitalisme allemand qui, sa puissance industrielle et militaire reconstituée, se lance à l'assaut du monde.

L'adversaire principal dans cette lutte entre « impérialismes » capitalistes est le monde capitaliste anglo-saxon, représenté sur le front par l'Angleterre et soutenu à l'arrière – dans la première phase du conflit – par les États-Unis.

Ce face à face « classique » a longtemps été différé : entre « capitalistes » le compromis est une issue raisonnable.

Munich était, sur le plan diplomatique, la traduction de cette volonté d'« apaisement » : la résolution du rapport des forces au prix du sacrifice de tierces puissances (la Tchécoslovaquie, l'Europe centrale, l'URSS, etc.). Mais, le conflit n'est pas que cela, tant s'en faut.

Le heurt entre puissances capitalistes est aussi le heurt entre deux conceptions politiques de la gestion capitaliste.

D'une part les tenants de la solution « par le haut ».

Ils mettent l'accent sur l'individualisation, l'autonomie, la participation volontaire et libre des vendeurs de force de travail dans un marché qui reconnaît leur liberté et leur dignité.

D'autre part les tenants d'un « capitalisme barbare », régressif, qui intègre la force de travail par l'établissement d'un servage, non plus à la périphérie des centres capitalistes (ce mode de surexploitation existe en effet, pratiqué par les métropoles colonialistes) mais dans le cœur même du système : la race aryenne dominera ses colonisés, tous les autres, voués à la servitude. Et les juifs promis à l'extermination.

Si bien que la Deuxième Guerre mondiale prend l'aspect d'un conflit entre la « civilisation » et la « barbarie », entre la « démocratie » et le « totalitarisme », entre les tenants de la « liberté de l'homme » et ceux qui sont partisans de son « asservissement ».

Mais si cet aspect est fondamental, et si c'est bien en effet d'une conception de l'homme qu'il s'agit, rien n'est simple.

Les puissances capitalistes « démocratiques » sont les expressions d'un système économique qui continue, dans la guerre, d'exploiter, d'opprimer. Et de réaliser d'immenses bénéfices.

Plus ambiguë encore est la participation au camp des démocraties de l'URSS qui est aussi l'expression d'une régression barbare, d'un refoulement de l'individualisation. En qui tout en luttant contre la « régression » nazie n'en exerce pas moins sa barbarie sur les peuples qu'elle contrôle.

Le deuxième conflit mondial, dans son ambiguïté et sa complexité, marque cependant un nouveau bond en avant du capitalisme.

Les effets de la crise de 1929 sont enfin effacés en termes de production et de chômage. La rationalisation des fabrications, les immenses besoins de guerre liés aux destructions gigantesques favorisent la concentration, la production de masse et, outre qu'ils offrent le plein emploi et des salaires élevés, procurent des profits fabuleux, dont les États-Unis sont les premiers bénéficiaires.

Les techniques, les recherches, l'organisation du travail progressent rapidement. Les mécanismes capitalistes pénètrent tous les secteurs.

Par ailleurs la guerre opposant « démocratie » et « barbarie », les solutions par le haut, celle de l'individualisation, sont associées au capitalisme.

La Deuxième Guerre mondiale favorise ainsi l'établissement durable d'un « compromis social » : l'État central – acheteur des armements, soutien de la production de guerre – jouant le rôle d'un régulateur.

La Deuxième Guerre mondiale assure le succès sur la durée de la solution « New Deal ».

Elle confère au capitalisme « démocratique » un brevet de vertu.

D'autant plus que « l'autre » capitalisme, celui de la régression servile, illustre à quel degré de barbarie peuvent conduire les logiques capitalistes quand elles sont poussées à l'extrême. L'utilisation du travail « forcé », de la main-d'œuvre déportée est générale par les grands groupes capitalistes allemands et cette « force de travail » est exploitée jusqu'à son « épuisement » total.

D'immenses profits sont réalisés dans ces conditions qui renouvellent, au sein des centres capitalistes, au XXe siècle, les mécanismes de la « traite ». Et il n'est pas jusqu'au transport en wagons plombés des hommes, des femmes et des enfants qui par sa barbarie n'évoque celui des millions d'Africains entassés les uns contre les autres – avec des pertes considérables – à fond de cale.

Le capitalisme retrouve ainsi, dans sa régression nazie, les méthodes traditionnelles, « historiques ».

Quant au génocide des juifs, il ne peut que faire penser à l'extermination d'autres populations, au XVIe siècle en Amérique latine par les Conquistadors.

Car, derrière le discours raciste, il y a la volonté de pillage d'une population qu'on présente comme incarnant la richesse. On ne peut non plus oublier combien, dans ses modalités, l'extermination doit à « l'organisation du travail », c'est-à-dire à la rationalisation et à la parcellisation des tâches.

Enfin, on sait que les entreprises capitalistes allemandes fournissent le gaz nécessaire à l'extermination et que les biens les plus précieux (or, bijoux, etc.) sont récupérés et constituent un « trésor » de guerre – un pillage – qui entre à son tour dans le circuit économique.

Le génocide et le système concentrationnaire nazis sont, *naturellement,* une source de profit.

Ils expriment d'une manière folle des logiques capitalistes dans lesquelles les hommes sont des « choses », déshumanisées, mais qui, broyées immédiatement ou au terme d'une certaine durée, peuvent fournir une force de travail ou procurer des « biens ».

Cela ne signifie pas que le capitalisme conduit inéluctablement les logiques qui l'animent jusqu'à ce paroxysme dément. Mais, dans certaines circonstances historiques, elles peuvent se déployer ainsi.

La destruction des hommes en masse est d'ailleurs l'une des caractéristiques de cette Deuxième Guerre mondiale.

A l'extermination dont profite le « capitalisme barbare » au service des nazis, répond l'extermination « technique », en quelques secondes, de centaines de milliers d'hommes, de femmes et d'enfants, par l'utilisation d'armes atomiques contre le Japon, par le capitalisme du New Deal.

Action de guerre sans doute mais qui marque aussi que même au sein d'un « capitalisme humaniste », c'est la « logique » de la destruction et de la domination qui l'emporte.

Il s'agit de faire plier – et de briser – un ennemi qui fut aussi un concurrent économique visant à se constituer un « empire » – la sphère asiatique de « coprospérité » –, mais aussi de manifester la prééminence de la première puissance capitaliste face au monde entier, et d'abord à l'URSS.

C'est donc, une fois encore, sur un futur de nouvelles tensions que se termine la Deuxième Guerre mondiale.

Mais ce conflit qui a pris racine dans la crise de la fin du XIXe siècle a changé de manière radicale les conditions de l'histoire des hommes, de tous les hommes.

Et cela va bien au-delà du capitalisme et de son destin.

3

Un âge nouveau, des solutions anciennes

(1945-1967)

« La guerre, en mourant, laisse l'homme nu, sans illusion... » (Sartre).

Comment, après le second conflit mondial, ne pas faire ce constat ?

Jamais, depuis le début de l'histoire des hommes, une telle somme d'actes barbares n'a été accomplie avec autant d'efficacité cruelle et en si peu de temps.

Toutes les violences millénaires ont été réactivées et toutes les ressources de la science et de la technique ont été utilisées pour détruire « de » l'homme.

Sans doute plus de cinquante millions ont-ils péri, dont six millions exterminés systématiquement dans les « camps de la mort » – le génocide des juifs.

L'ensemble du monde a été touché par le conflit : de la jungle malaise aux grandes plaines russes, des côtes de l'Atlantique aux îles perdues dans le Pacifique.

Les destructions ont été innombrables : de Varsovie à Hiroshima, de Coventry à Dresde, de Berlin à Stalingrad, des villes ont été réduites en cendres avec des dizaines de milliers de villages.

Or, pour saisir l'ampleur du crime contre l'humanité, il faut envisager le demi-siècle d'un seul tenant, puisque crise-guerre – crise-guerre s'encastrent l'une dans l'autre et que, des années 1900 aux années quarante, un même cataclysme aux formes multiples fait sentir ses effets.

Ce sont alors des millions de victimes de plus qu'il faut ajouter, des souffrances innombrables qu'il faut associer à celles de la Deuxième Guerre mondiale.

Verdun et Stalingrad font partie du même chapitre. Les paysans ruinés par la crise de 1929, les chômeurs affamés viennent prendre rang parmi tous ceux qui, dans des milliers de villes, ont cherché désespérément comment se nourrir entre 1939 et 1945.

De ces crimes, des hommes et des partis doivent rendre compte. Et certains furent jugés, condamnés, exécutés, mis au ban de l'humanité. Pas de pitié pour les bourreaux.

Mais ce serait une parodie de justice que de limiter à quelques individus, à des organisations politiques, ou à des idéologies, l'accusation.

Faut-il alors déclarer « l'homme » coupable, portant en lui le mal, l'instinct de mort et comme un dément se donnant avec une fureur toujours renouvelée des coups de plus en plus meurtriers contre lui-même ?

C'est une vision de l'homme et chacun peut la choisir.

On peut au contraire – *on doit – faire le pari prométhéen* d'un homme capable de *se* comprendre, de comprendre le monde qu'il construit et donc l'isoler des responsabilités précises, des chaînes de causalités, conditions nécessaires pour orienter dans un sens différent le développement de *son* histoire.

Et dès lors, au-delà des responsabilités individuelles de ceux qui ont commis des « crimes contre l'humanité », c'est *l'organisation même du système mondial,* tel que le capitalisme dans ses conséquences naturelles la détermine, qu'il faut mettre en cause.

Et quelles que soient les charges qui pèsent sur tel ou tel acteur – de Hitler à Staline – c'est ce système, cette recherche du profit qu'il implique, cette lutte sans cesse recommencée pour la domination des marchés, cette « division » de l'homme qu'il produit, cette contradiction permanente qu'il entretient entre l'exacerbation des individualités et leur oppression, ce conflit entre les moyens de la production qu'il libère et les rapports de production qui les contraignent, entre une fabrication de plus en plus abondante des biens et l'inégalité parmi les hommes qu'il creuse, c'est l'essence même de ce système qui doit être condamnée.

Non les acteurs individuels qui le mettent en œuvre – hormis ceux qui se sont placés en rupture d'humanité et ont des responsabilités directes dans les atrocités commises – puisque nous sommes tous enveloppés dans ce système. Mais le principe capitaliste lui-même, l'organisation même, les valeurs qu'il produit.

Que ce système capitaliste d'organisation économique et sociale puisse être, par rapport à ceux qui l'ont précédé (le système esclavagiste avec ses différentes modalités, antiques ou médiévales) ou qui ont prétendu lui succéder (le système du communisme despotique), le plus apte à permettre le développement des forces productives, celui qui assure le moins mal à une masse considérable d'hommes les moyens de vivre et de créer, de penser la liberté, ne change à rien à l'accusation.

Le déploiement de ce système est allé de pair avec une telle multiplication de meurtres collectifs, de pillages, de destructions, d'oppression – de la conquête des Amériques aux guerres mondiales, de l'ethnocide des Indiens – et de tant de peuples « coloniaux » – au massacre des populations civiles européennes ou asiatiques – qu'il ne peut être considéré comme l'horizon indépassable de l'histoire des hommes.

Le système capitaliste fait partie, comme les autres systèmes d'organisation qui l'ont précédé ou accompagné, de la période préhistorique de l'humanité.

Or, au terme de la Deuxième Guerre mondiale, les hommes entrent dans *un nouvel âge de leur histoire,* qui exige qu'on en finisse avec la préhistoire.

En effet, la découverte et la maîtrise du processus de fission de l'atome, la libération et le contrôle de l'énergie nucléaire donnent à l'homme le pouvoir de détruire l'ensemble des hommes.

Les deux explosions de Hiroshima et Nagasaki en août 1945 révèlent cette capacité inédite.

Il s'agit bien du début d'un « nouvel âge », puisque l'écart entre des politiques traditionnelles (la guerre, la course à la domination, etc.) et la *globalité des enjeux* (le sort de l'humanité) peut provoquer la disparition de l'homme, par le déchaînement d'un conflit nucléaire.

Certes « l'équilibre de la terreur » qui s'établit dès les années cinquante entre les États-Unis et l'URSS, « superpuissances », paraît rendre « la guerre improbable », mais il suppose l'entassement d'explosifs nucléaires, une course permanente aux armements, une suspicion réciproque, qui créent pour plusieurs décennies un climat de « guerre froide » et de « paix impossible ».

Et de ce fait des ressources immenses sont mobilisées, des intelligences, des moyens, des capacités de production sont « stérilisés » par cette rivalité « préhistorique » alors que l'unité de l'humanité est symbolisée par la menace qui pèse sur elle, au-delà de ses divisions en systèmes politiques et en ethnies.

L'homme s'est donc, en une épopée de quelques brefs instants d'histoire (si on rapproche le début de l'aventure historique de l'homme à la date de son apparition sur notre planète), arraché à sa faiblesse naturelle.

Et le capitalisme a été le levier principal de cette émancipation collective.

Mais l'homme saura-t-il inventer des formes nouvelles d'organisation adaptées aux conditions qu'il a créées et aux moyens dont il s'est doté ?

Cette question est posée dès 1945.

Que la première expression de la puissance révolutionnaire de l'homme soit la destruction de deux villes et le meurtre de centaines de milliers de victimes donne la mesure de l'effort à accomplir pour « sortir de la préhistoire ».

Sans doute, sur tous les continents, quel que soit le système politique, et à tous les niveaux de responsabilité, des hommes prennent conscience de la nouvelle donne historique et des solidarités qui, au-dessus des intérêts particuliers, font de la collectivité humaine un ensemble dont la survie même devient problématique.

Malaisément, avec des arrière-pensées, cette lucidité s'exprime dans la création de l'ONU, ce « machin », « cette tour de Babel dont la confusion est atténuée par des manœuvres de couloir » (Churchill) ; elle est révélée par des campagnes de masse en faveur de la paix, contre l'arme atomique qui, même si elles servent un « camp », sont approuvées par des centaines de millions d'hommes et de femmes appartenant à tous les pays (campagne de l'Appel dit de Stockholm, Mouvement de la paix). Surtout la Deuxième Guerre mondiale, qui au cours de son déroulement est de plus en plus apparue comme un affrontement entre « humanisme » et « barbarie », « liberté » et « servitude », démocratie et dictature, progrès et régression – et ce, quelle que soit la réalité complexe du conflit –, a favorisé partout le désir *d'individualisation* et d'autonomie (la déclaration universelle des Droits de l'Homme de 1948 reflète cet aspect).

L'aspiration à l'indépendance des peuples colonisés, la volonté individuelle d'être maître de sa vie, sont les deux faces de cette réalité.

Elles expliquent les luttes anticoloniales contre les puissances capitalistes d'Europe affaiblies par le conflit mondial et la pression sociale qui par le biais des partis politiques, des élections, des manifestations, des revendications et des grèves, s'exerce dans les métropoles pour obtenir un meilleur partage des richesses.

Or, pendant près d'un quart de siècle (1945-1967), le système capitaliste mondial peut satisfaire une partie de ces revendications, même s'il faut chaque fois que les peuples, les salariés se mobilisent pour les lui arracher.

S'il en est ainsi, c'est que l'après-guerre est marqué par une longue phase de prospérité capitaliste qui voit s'affirmer l'hégémonie sans partage des États-Unis.

Ils détiennent 80 % des réserves d'or. Le dollar est la monnaie de crédit mondiale, et donc la clé de voûte du système de paiement (accord de Bretton-Woods du Gold Exchange Standard, étalon or).

Leurs échanges commerciaux sont favorables : l'Europe est exsangue, le Japon battu, les concurrents sont donc écrasés.

De nouveaux moyens de production et la rationalisation du travail permettent une production de masse qui se déverse d'abord sur les États-Unis, puis peu à peu sur les autres pays. Les États-Unis représentent ainsi un tiers de la production mondiale.

La croissance, dans cette période, est exceptionnelle : 5,6 % par an pour la production industrielle et 7,3 % pour les échanges commerciaux.

Les salaires augmentent et la consommation de masse se répand.

La syndicalisation, les luttes sociales qui expriment le désir de l'homme d'échapper à son état de « chose », de valeur d'usage dans le processus de production, et le taux des profits permettent, dans plusieurs pays, la mise en place de systèmes de protection sociale (santé, accidents du travail, retraite, etc.) qui renforcent encore le désir d'individualisation, d'autonomie de l'individu et accroissent sa résistance aux méthodes intenses de travail.

La consommation de masse a le même effet.

Et le capitalisme se trouve ainsi confronté à un niveau plus aigu encore à *sa contradiction centrale : le désir de liberté qu'il suscite ne peut être réellement assouvi.* Pour la plupart des hommes il n'est qu'un leurre, un appât, un spectacle.

C'est dire que sa période de prospérité n'a pas changé le capitalisme.

En effet l'hégémonie américaine n'est en rien un « ordre mondial » stable, malgré les alliances militaires conclues et assises sur la domination économique.

D'abord il y a un système communiste rival qui, dans les années cinquante, fait encore figure, pour des centaines de millions d'hommes, d'incarnation de la résistance aux contraintes – et barbaries – capitalistes.

L'impuissance du communisme despotique, son caractère terroriste régressif et oppressif, son échec économique n'apparaîtront que peu à peu, à partir des années soixante (1953, mort de Staline ; 1956, XXe congrès, Rapport Khrouchtchev et révolution hongroise).

A ce moment-là, les concurrents traditionnels des États-Unis (pays européens, Japon) ont déjà reconquis leur force économique et commencent à lutter contre « l'hégémonie américaine » (1957, Communauté européenne ; 1958, arrivée de De Gaulle au pouvoir).

Mais c'est au cœur même du mode de production capitaliste que les fissures apparaissent.

La croissance a reposé en effet pour l'essentiel sur une augmentation de la productivité. Chaque travailleur, dans le cadre d'une organisation parcellisée du travail (taylorisme), dispose de moyens de production accrus. Cela provoque une *intensification du travail* demandé, *un surtravail,* contre lequel –parce que le désir d'individualisation s'est renforcé... grâce au capitalisme – les ouvriers protestent (grève des os, absentéisme, etc.).

Il y a donc des baisses de rendements, des hausses de coûts (d'autant plus que les revendications salariales demeurent très fortes) au moment où la concurrence mondiale s'accroît entre les pays capitalistes, alors même que la reconstruction consécutive à la guerre et le modèle de consommation des années cinquante achèvent de produire leurs effets.

Les taux de profits des principaux pays capitalistes commencent ainsi à décroître dès le début des années soixante.

Par ailleurs, la « prospérité » a été très inégalement répartie et elle a de très lourdes contreparties.

D'abord, la « consommation » se paie par une « intensification » du travail, une usure nerveuse, des déséquilibres provoqués par un mode de vie *éclaté*.

La ville avec ses contraintes apparaît dès les années soixante comme un lieu chaotique et dur à vivre. Et les inégalités s'accusent dans ce cadre urbain, entre ceux qui supportent toutes les nouvelles servitudes (ainsi les longs déplacements) et ceux qui y échappent.

Mais les inégalités se creusent aussi entre le monde capitaliste développé et les pays dits du « tiers monde ».

Ils demeurent dans la sphère capitaliste. Ils ont accédé à l'indépendance politique, mais sont soumis à un véritable « pillage » de leurs ressources.

Les cours des produits bruts (et d'abord le pétrole) sont fixés par les pays capitalistes – le cartel des grandes compagnies pétrolières – et c'est sur *le faible niveau des prix qu'est financée la croissance* « glorieuse » de l'après-guerre.

Ainsi, dans cette période de développement impétueux, un âge d'or du capitalisme, *l'inégalité* demeure le ressort même du système et la conséquence majeure de son essor – avec toutes les répercussions humaines qu'elle provoque en chaîne – dans les pays « pauvres », pillés – et dans les grandes métropoles capitalistes où les victimes de la croissance – des paysans aux « laissés-pour-compte » – sont innombrables.

Si l'on ajoute à l'inégalité accrue le gaspillage des ressources qu'elle entraîne, *la dette écologique* qui s'accumule, car la production vise à exploiter au maximum, au moindre frais, la

« nature », et le coût humain de cette période (en terme de destruction de l'équilibre des modes de vie anciens, notamment dans les pays du tiers monde), on mesure combien ce quart de siècle est, malgré la « prospérité », *traditionnel* dans ses conséquences, conforme à l'histoire du capitalisme.

On y retrouve tous les traits classiques (du pillage des ressources à la surexploitation, de l'inégalité à la compétition incroyable entre concurrents).

L'illusion d'un ordre nouveau, plus stable, d'un capitalisme maître de son destin, a simplement été donnée par l'hégémonie américaine, qui a, du fait des résultats de la guerre, imposé ses règles – économiques, monétaires, politiques – au reste du monde capitaliste durant un peu plus d'une décennie.

Mais les apparences s'effritent au fur et à mesure que les conditions changent et que l'hégémonie américaine se heurte aux autres grands pays capitalistes (les renaissances économiques allemande et japonaise sont spectaculaires) et affronte des résistances accrues (luttes sociales et lutte des pays producteurs de matières premières, 1960 création de l'OPEP – pays producteurs et exportateurs de pétrole – créations de compagnies nationales – Venezuela, Koweit, etc.).

Dans ces conditions, le système financier mondial construit sur la domination du dollar, monnaie de référence, entre en crise, dès la fin des années soixante (difficulté du dollar en 1967, qui sera détaché de l'or en 1971).

Ainsi alors que la multiplication des ogives nucléaires et des risques de destruction de l'humanité qu'elle implique devraient conduire à une tentative d'orientation maîtrisée du développement, le système capitaliste mondial se prolonge selon les logiques habituelles.

Et son essor est au tournant des années soixante-soixante-dix lourd d'une crise.

En face de lui le système du communisme despotique s'est enfermé dans la régression-répression-stagnation, après les secousses de la révolution hongroise, les crises polonaises, etc., la rupture des relations sino-soviétiques.

Dans les deux cas, *l'incapacité tragique de prendre en compte le long terme est totale,* au moment où la nécessité de résoudre dans l'intérêt global des hommes les contradictions de leur histoire est impérieuse.

Les deux systèmes ont ainsi fait la preuve de leur impuissance.

Ils ne sont plus à la hauteur des enjeux qui se posent aux hommes.

Or, parce que tous deux de manière différente proclament la grandeur de l'homme (le capitalisme en utilisant et en développant le désir de liberté et d'initiative, le communisme despotique en camouflant sous cette référence ses pratiques régressives), jamais dans l'histoire des hommes *le désir d'individualisation n'a été aussi grand, jamais la perception collective des aberrations du système d'organisation du monde n'a été aussi forte.*

Parce que aussi, pour la première fois, la conscience d'une « solidarité mondiale des hommes » existe, à l'état d'intuition diffuse, rendue possible par le développement des communications de masse.

Les conditions à la fois matérielles (baisse des taux de profits, crise financière, concurrence accrue, etc.) et idéologiques d'une crise de grande ampleur sont donc, à la fin des années soixante, rassemblées.

4

La fin des illusions : le système mondial mis à nu

Les années 70-80

Ainsi, au tournant des années soixante-dix, le système mondial craque.

Le fonctionnement économique du capitalisme se grippe. L'hégémonie américaine est partout contestée. Elle était perçue comme facteur d'ordre et de progrès. Le capitalisme américain avait le visage de la liberté.

Mais des concurrents se dressent, la prépondérance du dollar est remise en cause. Et la puissance des États-Unis est ressentie comme une oppression.

La guerre du Viêt-nam et les solidarités antiaméricaines qu'elle noue dans tous les pays symbolisent ce moment nouveau.

C'est aussi tout un mode de vie – celui de la consommation de masse – qui paraît rejeté.

Il est clair qu'un modèle, celui issu des années quarante, s'épuise.

Que le simulacre d'ordre mondial qui n'était en fait que l'expression de l'écrasante supériorité américaine se dissipe. Que l'illusion de l'entrée dans l'âge de l'abondance, au fonctionnement harmonieux, fait place à une âpre lucidité.

Les pauvres, à l'échelle mondiale, sont de plus en plus nombreux. Et, dans les pays développés, l'homme doit plus encore se transformer en « chose » pour acquérir des « choses » et leur possession ne procure ni équilibre, ni liberté, ni bonheur. Ces proies se dérobent.

Restent les gestes saccadés du travail répétitif, la solitude des vies parcellisées et fragmentées, le sentiment d'appartenir à une « civilisation » qui se « déshumanise » et dont les « valeurs » s'effacent.

L'homme n'accepte pas cette situation. Sa résistance aux disciplines du travail émietté se durcit (grèves, absentéisme, malfaçons, etc.). Il réclame et (pour quelques années encore suivant les pays) obtient des augmentations de salaires, des réductions de la durée du travail qui conduisent au laminage des taux de profits.

Il va plus loin.

Une vague révolutionnaire enfle peu à peu, faite d'éléments divers, provoquée par des causes différentes, mais qui exprime avec force et créativité le refus du système mondial tel qu'il fonctionne. La croissance elle-même est remise en cause par des experts (le club de Rome en 1968).

Le système est attaqué à la fois dans sa forme hégémonique américaine, mais aussi dans les structures du régime despotique communiste.

C'est la volonté d'individualisation – de liberté –, d'unité de la vie, d'une « autre vie » qui se manifeste, intervenant au terme d'une période de prospérité, qui a montré à la fois la capacité des moyens de production dont les hommes disposent et le « mauvais usage » qu'ils en font.

La vague révolutionnaire est ainsi la preuve que les hommes, les plus jeunes d'abord, ressentent durement l'écart entre les besoins de l'époque nouvelle, leurs désirs et l'état du système mondial.

Tous les continents sont concernés.

Dans chaque pays touché les circonstances historiques nationales modèlent le mouvement. Mais les points communs l'emportent sur les différences.

La vague révolutionnaire est celle de la jeunesse. Le refus du système d'organisation des « pouvoirs », la contestation du système mondial sont généraux.

La Chine, le Mexique, la France, la Tchécoslovaquie, les États-Unis : partout la secousse est profonde. Elle révèle des ruptures entre les générations, des refus d'intégration, elle affaiblit ou brise les vieux « appareils » politiques qui – opposés au capitalisme – avaient, soit pris le pouvoir (partis communistes, partis socialistes), soit s'étaient constitués en forces traditionnelles de contestation (les syndicats, etc.). Une manière de produire et de travailler, un équilibre politique, un compromis social se décomposent ainsi, sous la poussée de la crise du capitalisme et des contradictions du système d'organisation mondiale d'abord, mais aussi sous les coups de boutoir de la vague révolutionnaire.

Celle-ci, de manière chaotique, dans ses élans et ses impasses, ses violences et ses défaites (car elle fut, politiquement, vaincue : au Mexique, en France, en Tchécoslovaquie ; ou manipulée : en Chine), proclame qu'il faut du « sens humain » à l'organisation du monde, qu'il faut du « sens à la vie », c'est-à-dire que l'existence ne saurait se confondre avec la production de choses et la quête du profit, ou se soumettre *aux logiques « courtes »* de la domination et de la spéculation, de la concurrence et des hiérarchies, du monolithisme philosophique et politique.

Le « mouvement » dit aussi, ne fût-ce que par ces concomitances, que *le monde est un* et que les inégalités qui divisent la planète, les blocs militaires qui la figent en camps opposés, appartiennent *à la préhistoire* de l'homme. Et la jeunesse veut sortir de cette préhistoire.

Désir de *sens* et d'unité, volonté de justice et aspiration à l'individualisation ; au tournant des années soixante-dix, l'homme est plus que jamais irréductible et prométhéen. Il veut « changer la vie ».

Mais cette réalité humaine et les exigences qu'elle développe posent aux *dominations* économiques et politiques des problèmes graves.

Le système du communisme despotique en refoule la manifestation par la répression, la censure, la contrainte physique et idéologique, l'écrasement par la force de toute rébellion (par exemple en Tchécoslovaquie, en 1968).

Les problèmes ne disparaissent pas, les contradictions ne sont pas résolues, elles s'aggravent au contraire puisque le

« système » s'enfonce ainsi dans la stagnation, se refusant à libérer les énergies individuelles et le désir d'autonomie qui sont l'une des sources principales du mouvement de la société.

Mais pour le communisme despotique – à cette phase de son histoire – le recours à l'individualisation, qui est perçue par quelques novateurs – en Hongrie, en URSS – comme la condition du développement économique, présente trop de risques politiques.

Le système reste donc rigide et bureaucratique, et l'initiative comme la production sont entravées.

Cependant dès ces années soixante-dix-quatre-vingt, l'apparition de nouvelles générations, plus instruites, plus ouvertes sur l'extérieur parce que le monde communiste ne peut échapper à la mise en place d'un réseau mondial de communication, à la naissance d'une « opinion mondiale » (voir ainsi l'effet Soljenitsyne dans les années soixante-dix, précisément), laisse prévoir l'éruption inéluctable, au grand jour, de ces problèmes.

La question devra être posée ouvertement : l'individualisation, condition et signe du progrès, est-elle compatible, et à quel degré, avec le communisme despotique, ou bien celui-ci doit-il cesser d'être, et dès lors quelle organisation économique et politique adopter pour la société ?

Pour le capitalisme l'épreuve de la crise des années soixante-dix-quatre-vingt est à la fois plus complexe et plus classique.

L'individualisation est origine et produit du capitalisme. Elle en est l'élément humain essentiel et il ne saurait donc être question de l'étouffer. Mais en même temps elle fait naître la contradiction principale : c'est au nom des droits de l'individu, de ses besoins accrus illimités, que l'on se dresse contre le système, qui excite les désirs et les frustre.

Il s'agit donc pour le capitalisme de s'appuyer sur l'individualisation tout en empêchant qu'elle prenne une dimension contestatrice.

C'est à cette condition que le capitalisme réussira à sauvegarder – et pourra continuer de déployer – le rapport social qui est son essence même. Et ces nouvelles procédures permettront de produire du « profit ».

La crise des années soixante-dix-quatre-vingt est ainsi « classique ».

Déjà à la fin du XIXe siècle (la crise des années 1873-1896), puis dans les années vingt, le capitalisme a bouleversé de fond en comble la société et trouvé des issues à ses crises.

A la fin du XIXe siècle, l'exportation des capitaux dans le cadre de « l'impérialisme » a permis le prélèvement de surplus dans l'ensemble du monde, cependant qu'au « centre » du système l'organisation scientifique du travail (le taylorisme) favorise l'extraction de la plus-value. La Première Guerre mondiale est le moment crucial de cette phase de développement.

A sa sortie, les mêmes tendances se prolongent. La production et la consommation de masse apparaissent ainsi que l'intensification de l'organisation du travail et les tentatives de « planification » étatique, dans le cadre national (New Deal, Front populaire, rôle des États fasciste et nazi). La Deuxième

Guerre mondiale fait partie de ce processus de « croissance » du capitalisme et de résolution de « sa » crise.

Les enjeux de la nouvelle phase sont tout aussi importants. Il s'agit bien, comme dans les deux étapes précédentes, d'une *crise de régulation* du système capitaliste, et de la nécessité donc de mettre en œuvre de nouvelles modalités sociales afin que le système reste lui-même : tout changer afin que rien ne change. Il faut trouver pour que le profit augmente encore de « nouveaux espaces », une « nouvelle » manière de produire (et donc de « nouvelles » techniques de production).

Il faut briser la résistance qui vient de se faire jour dans la vague révolutionnaire, et donc utiliser l'élan et l'énergie d'individualisation qu'elle exprime, comme aliment du développement capitaliste.

La période soixante-dix-quatre-vingt va donc être marquée par des modifications profondes, dans les lieux de production, les manières de produire, les techniques mises en œuvre, l'organisation du travail, et le visage de la société, l'idéologie qui la cimente, vont être transformés.

Ces années ressembleront à des années de « guerre » (et nombreux seront les vrais conflits armés qui se livreront à la périphérie du système) avec destructions d'implantations industrielles, ruine de régions entières, exode et transfert de populations.

Le coût humain de la décennie sera donc, une fois encore, écrasant.

Au cours de cette véritable mutation, le capitalisme va se reconstruire, *la crise* apparaissant, une fois de plus, comme *son mode naturel de développement.*

Dans cette perspective, « les chocs pétroliers » (1973 et 1978) qui voient le prix du baril quadrupler ne sont que des effets de la « guerre économique » et de la crise et non des causes (les producteurs américains s'approvisionnent en brut sur le continent américain, les grandes compagnies pétrolières profitant, dans leur lutte contre les concurrents européens, de cette hausse qui permet aussi la mise en valeur de gisements jusque-là non rentables). Ils accélèrent cependant la « restructuration » nécessaire du capitalisme.

Les « vieilles » implantations industrielles sont abandonnées, vouées à la « friche » en Europe comme aux États-Unis. Une « nouvelle » localisation (en Asie notamment) apparaît, fondée sur la surexploitation d'un « nouveau » prolétariat, qui ne bénéficie d'aucune des défenses acquises après des décennies de luttes conduites par le mouvement ouvrier européen et nord-américain.

De « nouvelles » techniques de production surgissent liées à l'électronique, à la robotisation, à l'informatisation (ordinateurs, etc.) qui conduisent à une intensification de la production, à la diminution du nombre de postes à la production, et permettent de comprimer les coûts salariaux.

Cette délocalisation, ce « dégraissage » de la main-d'œuvre, provoquent la fragmentation du salariat. Des armées de chômeurs se constituent (plus de 15 millions en Europe), et d'autres millions de travailleurs sont voués aux travaux intermittents et précaires.

Les solidarités ouvrières se brisent sur ces nouvelles conditions sociales. L'exploitation du « salarié » s'en trouve favorisée, à la fois au « centre » des métropoles capitalistes, et aussi, dans les nouveaux lieux de production.

D'autant plus que des thèmes idéologiques favorisent l'émiettement des solidarités.

Ils ont pour fond commun le « libéralisme », c'est-à-dire *l'individualisation* mise au service exclusif de la recherche du profit.

Ils s'articulent sur l'exaltation du « marché » comme moyen de mettre en œuvre les qualités individuelles de chaque secteur social.

Ils diffusent l'idée que la « contrainte extérieure » est un impératif qui « contraint » à la diminution des charges sociales, de toutes les « protections » que le salariat avait réussi à bâtir dans les phases précédentes du développement capitaliste et qui étaient l'un des éléments essentiels du « compromis » social réalisé dans les années quarante.

Avec le déplacement des lieux de production, le changement des techniques de production, c'est bien ce compromis social qui se trouve remis totalement en cause.

A la fin des années quatre-vingt, le capitalisme a maintenu, étendu, approfondi sa domination. Il est différent tout en restant lui-même.

Les systèmes productifs nationaux ne sont plus le cœur de la production capitaliste.

Le capitalisme s'est totalement internationalisé. Le monde entier est le nouvel espace de production. Ce qui entraîne l'ouverture des frontières, un marché mondial financier et fait apparaître « l'exportation » comme l'une des clés indispensable à chaque unité de production.

Cette « internationalisation » du capital a provoqué la destruction des espaces anciens de production, et une perte d'autonomie des États nationaux.

Les réalités nationales n'ont certes pas disparu, mais les « cohérences » des économies nationales sont gravement – et sans doute irréversiblement – atteintes.

Des pays entiers ou des régions (en France, en Grande-Bretagne, aux États-Unis) sont « désindustrialisés ». Les politiques de « relance » nationale sont de ce fait d'avance condamnées et aussi parce que les États ont perdu la maîtrise « planificatrice » de leur gestion. Les firmes transnationales ont, elles, des stratégies mondiales qui jouent sur l'ensemble du marché ?

Mais, en même temps, cette internationalisation ne fait pas disparaître les conflits d'intérêts nationaux. Et cette contradiction est particulièrement sensible dans le domaine monétaire.

Les États-Unis sont ainsi le pays le plus endetté du monde, et c'est le reste du monde qui finance le déficit.

Par ailleurs, chaque État national doit affronter « ses » problèmes sociaux. Et même si l'idéologie libérale devient dominante, même si les thèmes de la « contrainte extérieure », du « partage du travail », de la « compétition mondiale » (d'où la nécessité, dit-on, des politiques de rigueur nationale) ont largement pénétré les « métropoles » capitalistes et le mouvement ouvrier – miné par la diminution en masse du

« prolétariat » industriel –, les résistances existent : lutte contre le chômage, pour la défense des droits acquis, etc.

En outre ce « remodelage » du capitalisme n'a pu se faire que par l'exploitation accrue du tiers monde.

Certes celui-ci s'est différencié et ne représente plus un bloc recherchant une unité politique contre l'impérialisme. Mais, au terme de la décennie, le prélèvement que les « métropoles » capitalistes opèrent sur les pays les plus pauvres se trouve accru.

L'endettement du tiers monde devient l'une des contradictions majeures du système mondial. Avec toutes les conséquences humaines qu'il entraîne : famine, misère, mortalité infantile, etc.

Et ce tiers monde, endetté, verse – au titre des intérêts de la dette – plus au « Nord » qu'il ne reçoit de lui.

La logique capitaliste, malgré les habillages généreux qu'elle se donne, demeure identique à elle-même : elle recherche le profit maximum et, pour cela, invente jour après jour, par la « somme » de ses comportements « libres » et individuels, tous dirigés dans le même sens, des procédures nouvelles et efficaces.

Cependant, les contradictions anciennes demeurent et de nouvelles surgissent.

La « mondialisation » de la production et des marchés financiers, le caractère désormais totalement cosmopolite du capitalisme, l'espace mondial qu'il s'est donné ainsi, remettent en cause les États nationaux. Et les plus lucides des dirigeants politiques, les plus en « phase » avec ces nouvelles données du capitalisme, cherchent à « adapter » les structures politiques à ce nouvel univers économique.

C'est donc dans cette décennie (1970-1980) qu'une Commission trilatérale se met en place (1971-1973), que – à l'initiative du président français Giscard d'Estaing, l'un des plus « théoriciens » parmi les chefs d'État – les sommets des pays industrialisés (1975), les Conseils européens (1979), les sommets franco-africains, se réunissent et s'institutionnalisent. En même temps « l'espace européen » devient l'un des moyens pour « dépasser » les cadres nationaux, et fournir, au plan politique, un cadre d'intervention : le Parlement européen est élu au suffrage universel en 1979 ; un système monétaire européen est mis en place à la même date. Ainsi au cours de cette décennie qui fut aussi destructrice qu'une guerre, des efforts sont faits pour maîtriser le développement capitaliste et retrouver dans le nouvel espace de production mondial des structures d'intervention.

Car, tout en exaltant sa capacité de renouvellement et le caractère de « tempête créatrice » qu'est pour le capitalisme chaque crise de régulation, les dirigeants politiques et économiques sentent bien qu'à chaque étape les mises en jeu sont plus élevées et la partie plus risquée. Et ce pour l'ensemble de l'humanité.

Certes la vague révolutionnaire des années soixante-dix a été « absorbée » et l'individualisation a été déviée vers le « libéralisme ». Les *hippies* sont devenus des *yuppies*. La contestation du capitalisme s'est dissoute dans le marché et la consommation individuelle.

Mais d'autres générations surgissent. Et d'abord au « Sud ».

Mais l'inégalité s'est une fois de plus creusée, entre les « métropoles » et les « périphéries » (les unes et les autres englobées dans l'espace mondial capitaliste). Mais les États nationaux subsistent et s'opposent les uns aux autres alors que l'internationalisation du capital supposerait une direction politique de la planète.

Mais le système monétaire mondial reste à construire.

Mais les déséquilibres sont tels – démographiques, sociaux – que des révoltes sont probables, qu'elles éclatent déjà et qu'elles prennent la forme de régressions intégristes.

Et cette « anarchie » appelée système mondial coûte cher.

Le gaspillage des ressources s'est accéléré, le saccage de la nature s'étend à toutes les parties du monde (mise en exploitation destructrice de la forêt thaïlandaise à la forêt amazonienne ou gabonaise, pollution du lac Baïkal au Rhin).

L'exploitation des hommes, l'inégalité entre eux, se sont aggravées.

La guerre « 1970-1980 » a donc coûté très cher.

Et si la crise est surmontée, la crise est menaçante, puisqu'elle demeure dans les années quatre-vingt de ce siècle, comme dans les années quatre-vingt du siècle dernier, le mode de vie du capitalisme.

Mais ce qui était tolérable il y a cent ans l'est-il encore aujourd'hui ?

L'humanité n'a-t-elle pas atteint une bifurcation historique qui impose une autre voie de développement ?

5

La bifurcation historique décisive

La dernière décennie du siècle

L'état du monde, en effet, dans les années quatre-vingt-dix du XXe siècle, à la veille du troisième millénaire, exige un changement de cap.

Car, dès lors qu'on refuse la myopie autosatisfaite ou hypocritement apitoyée de ceux qui appartiennent aux couches favorisées de l'humanité, la situation des hommes apparaît à la fois scandaleuse et suicidaire.

Tout semble possible à l'intelligence : comprendre les mécanismes de la vie et conquérir l'espace, mais la société humaine demeure régie par les lois barbares de la violence, de l'inégalité et du meurtre.

Pire : à l'heure où s'accomplit dans les laboratoires une révolution biotechnologique aux perspectives infinies, les esprits de larges masses – sur tous les continents, dans le cadre de toutes les religions et de tous les systèmes politiques – succombent à la fascination de la superstition, de l'intégrisme, du racisme.

Un couple de forces, particulièrement dangereux, semble se mettre en place, dans lequel l'homme dispose de la toute-puissance créatrice de la science mais demeure incapable de s'arracher à la cécité des fanatismes et des comportements primitifs.

A terme, la résultante de ce couple ne peut être soit qu'une catastrophe générale – que le niveau atteint par les armements rend possible – soit qu'une sorte de « moyen âge » sur fond d'apocalypse.

Mais, si l'on refuse la philosophie qui fait de l'homme un aveugle, tâtonnant entre le Bien et le Mal et ne trouvant son Salut que dans un au-delà de la vie, il faut démêler cet enchevêtrement de données complexes qui relèvent non d'une volonté supérieure à l'homme, mais de ce qu'il fait ou ne fait pas.

Ainsi, les causes de l'immense fossé qui sépare les conditions de vie n'ont rien de mystérieux, quand on les éclaire par l'histoire du capitalisme, en cette fin de siècle, et quand on rappelle les mécanismes implacables qui commandent son fonctionnement.

Par exemple, la dette des pays les plus pauvres (ceux du tiers monde, mais aussi ceux de l'Europe de l'Est, Pologne et Hongrie) dépasse 1 300 milliards de dollars.

Le Fonds Monétaire International (FMI) multiplie à l'égard de ces pays les recommandations et les obligations, afin de les conduire à mieux gérer leur économie, c'est-à-dire à restreindre leur consommation, alors que la sous-alimentation est l'une des caractéristiques de la vie dans ces nations où l'inégalité est démesurée.

En même temps, les pays riches se vantent d'aider ces régions pauvres.

Or, en 1988, celles-ci ont versé au « Nord » 43 milliards de dollars de plus qu'elles n'ont reçu ! Et leur dette s'accroît donc, au moment où il n'est question que de la réduire ou de l'effacer complètement !

Sujet de discours et non d'actes.

Car, quand la France ou les États-Unis renoncent à une part de ce qu'on leur doit, les montants de ces remises « généreuses » s'élèvent à 2,5 milliards (la France à l'Afrique) et de 1 milliard pour les États-Unis. Une aumône sans effet, sinon de tribune, à moins que ce ne soit pour soulager son âme avant de retourner banqueter.

De fait, au même moment, la spéculation financière continue d'embraser le monde.

Une Opération Publique d'Achat (OPA) peut mobiliser des dizaines de milliards de dollars, soit dix ou vingt fois plus que les remises de dettes consenties par les États.

Ainsi celle des financiers Jimmy Goldsmith, Rothschild et Packer pour le rachat du conglomérat britannique BAT (distribution, services financiers, tabacs) met-elle en œuvre 21 milliards de dollars. La Bourse de Londres, à l'annonce de cette OPA, a connu une hausse de 55 points.

Or l'intention des acheteurs de BAT n'est en rien « productrice » : ils veulent casser le conglomérat, le vendre par morceaux, conserver seulement le secteur tabac qui rapporte 750 millions de dollars.

Les grands producteurs de tabac soumis à la dictature des groupes mondiaux (dont BAT au premier chef) sont l'Inde... endettée de 46 milliards de dollars, le Zimbabwe de 2,5 milliards, et le Brésil de 125 milliards.

Une même *chaîne* relie ainsi la spéculation financière et boursière improductive à l'appauvrissement des pays pauvres. Et cette *chaîne,* pour des centaines de millions d'hommes, est équivalente à celle d'un esclavage.

Les mots « milliards », « dettes », « dollars » se déclinent en effet en réalités humaines précises.

Dans le tiers monde, deux cents millions d'enfants travaillent dans des conditions barbares ; trente millions d'entre eux sont abandonnés à leur sort, dans les rues, voués à la violence, à la prostitution, à la drogue, aux trafics, cela de la Thaïlande à l'Inde, des Philippines à l'Amérique latine.

Mais le phénomène existe aussi dans les banlieues des grandes métropoles nord-américaines : les arrestations de jeunes de moins de seize ans ont augmenté de 43 % à New York en 1988.

Quinze millions d'enfants meurent ainsi chaque année de carence alimentaire ou de soins insuffisants, ce qui représente 40 000 décès par jour qui pour la plupart pourraient être évités.

Qui osera encore parler, dans le monde tel qu'il est, des « droits de l'homme » ? Invoquer avec emphase les grands principes humanitaires, parler de défense de la liberté, alors que le fonctionnement du système mondial produit de tels effets ?

A moins que l'on ne considère qu'il y a *vie* et *vie, droits* et *droits,* et qu'un homme ne vaut pas un autre homme.

Il est vrai que l'entretien annuel d'un chien dans les pays « développés » équivaut à dix fois le revenu annuel d'un paysan du Bangladesh.

Voilà la logique de ce monde inégalitaire tel que le capitalisme l'a modelé.

Car c'est bien le capitalisme qui l'a emporté et qui enveloppe toute la planète dans un réseau d'échanges économiques – auquel il impose son rythme et ses finalités –, dans une trame serrée de communications qui créent un marché mondial unique, une « bulle financière » qui recouvre tous les continents et dont les pulsations sont, à chaque instant, vingt-quatre heures sur vingt-quatre, inscrites sur les écrans des ordinateurs de toutes les institutions boursières, bancaires, monétaires.

Les structures sociales, les mentalités, sont entièrement dominées par ce « pan capitaliste », ce « capitalisme mondial intégré », qui domine tout. Les images produites par les « industries culturelles » façonnent les esprits, effacent les différences, diffusent des « valeurs » communes qui normalisent.

Ainsi le capitalisme a-t-il acquis un pouvoir idéologique, en retournant, à son avantage, le désir d'autonomie individuelle. Jamais les individus – et d'abord dans les grandes villes – n'ont été autant isolés les uns des autres, jouissant d'un *simulacre* de liberté absolue, d'une apparence de possibilité de choix, alors que dans leurs conduites ils sont « canalisés ».

La diversité des chaînes de télévision par exemple n'est qu'un leurre puisque les programmes sont identiques et répétitifs.

Les rythmes de vie sont déterminés par les impératifs sociaux et seule une élite privilégiée peut échapper aux embouteillages quotidiens ou aux « grands départs », vers les mêmes lieux, aux mêmes moments.

La vie est banalisée.

Chaque individu *choisit* – et ne peut choisir que – d'être un consommateur, un vacancier, etc.

Le capitalisme produit à la fois l'individualisation et sa négation.

La sérialisation des êtres, des conditions, des objets, est générale.

C'est que, par la « crise » des années soixante-dix-quatre-vingt, le capitalisme s'est ouvert de nouveaux champs de profit.

Les techniques mises en œuvre (informatique, ordinateurs, moyens de communication, médias) ont rapidement investi tout l'espace, toutes les dimensions de la vie, tous les « temps » de l'existence.

L'homme – le plus souvent urbanisé – dans toutes ses activités, dans toutes ses pensées est pris dans la toile d'araignée des logiques du profit.

Son temps social est programmé.

Son temps « privé » est lui aussi socialisé (la télévision et la recherche de l'audimat font de l'homme un « public captif »).

Son temps intime est lui-même soumis aux règles du marché : la sexualité est une « marchandise » comme une autre, le « plaisir » est vendu comme objet de consommation de masse (périodiques, films pornographiques, « communications » sexuelles par téléphone, minitel, etc.).

La publicité – instrument et véhicule des valeurs du marché – est devenue omniprésente, manifestant la conquête capitaliste et son « triomphe ».

Mais par là même toute activité, toute réalité, toute personne, devient une « marchandise », une « chose ».

La « marchandisation » – des objets, des sites, des créations culturelles, des individus – devient la règle, du monde.

Symboliquement on en vient à « commercialiser » les organes du corps humain (reins) achetés aux plus pauvres et vendus aux riches malades.

L'homme donc dans cette phase du capitalisme, n'est plus seulement soumis au capital comme « producteur ».

C'est par toutes ses facettes qu'il est saisi : comme corps vendu par « morceaux » ; comme agent de production – s'il n'est pas chômeur – mais aussi et de plus en plus comme « consommateur » (de musique ou client d'un restaurant appartenant à une chaîne de « fast-food », ou téléspectateurs de spots publicitaires ou d'une série financée par un « annonceur ») ou simplement habitant d'une ville qui, dans son architecture, sa géographie sociale et sa division en quartier, par les panneaux publicitaires qui la colorent, est l'expression matérielle du « capitalisme mondial intégré ».

Si l'homme, en tant qu'être social multiforme, est ainsi désormais pénétré par le capitalisme, c'est que, par suite de la révolution scientifique et technique qui depuis les années soixante-dix accompagne, suscite la crise et permet de la dépasser, le profit se réalise de moins en moins dans la zone de la « production » (dans l'acception classique du terme) et donc de moins en moins sous forme « matérielle » (au sens de produits lourds traditionnels).

Mais cette mutation a d'importantes conséquences.

La « saisie » concrète des produits par celui qui travaille est de plus en plus rare. L'effort physique cède la place à la tension nerveuse. Les écrans d'ordinateurs, les commandes numériques deviennent l'environnement du salarié.

Et la « classe ouvrière », « l'armée du prolétariat » se dissout : elle était une réalité corporelle – on était proche les uns des autres –, un mode de vie, une « culture ».

Tout cela s'efface, s'émiette. Le salarié est seul devant son écran.

Le savoir artisanal se perd. L'ordinateur l'a engouffré et au bout du processus de production l'homme ne doit plus suivre que le « programme ».

Certes celui-ci est établi par des « programmateurs », mais ils sont déjà des techniciens supérieurs, évoluant eux aussi dans un univers abstrait.

Pas une activité qui puisse échapper à ce « câblage », qui est aussi une dépendance à l'égard de « décideurs » dont on ne sait plus exactement qui ils sont et dont la réalité elle aussi disparaît dans les « programmes », les « expertises », les « audits », etc.

Le paysan lui-même est devenu un « entrepreneur », lié à un terminal d'ordinateur qui gère sa comptabilité, ses productions, code ses produits et détermine ses expéditions.

Cette « abstraction » qui se généralise, dépossède l'homme de sa liberté en même temps qu'elle lui donne – dans une première phase – le sentiment d'une plus grande autonomie. Mais celle-ci se borne à être, en fait, un isolement physique.

Le salarié, le paysan, sont bien devenus les éléments séparés d'une « série ».

Mais au-delà de cette modification des conditions de la production, des rythmes de travail, le nombre même des travailleurs diminue.

Le chômage s'incruste dans les sociétés. Il est finalement toléré et utile au « système » puisque sa présence permet d'exercer une pression constante sur le monde du travail.

Car au chômage s'ajoute la multiplication des emplois précaires, partiels, intérimaires.

Chaque travailleur est menacé par l'une ou l'autre de ces situations qui l'isole encore davantage de ses camarades et lui interdit de participer à une lutte collective.

D'ailleurs la réalité même d'une classe ouvrière s'est évanouie.

L'affrontement ouvrier-patron, qui avait un caractère physique réel, n'est plus qu'un souvenir.

Faut-il se battre contre les « programmateurs » qui ne sont pas présents sur les lieux de travail ? Contre les « directeurs », alors que les propriétaires (de l'entreprise) sont inaccessibles, puisque la firme est « transnationale », qu'elle a une stratégie mondiale et qu'elle peut « décider » de fermer telle ou telle unité de production sans en avertir les salariés et sans que ceux-ci puissent longtemps s'opposer à ces décisions ?

C'est qu'en effet, dans le cadre de cette « résolution » de la crise, une nouvelle division internationale du travail s'est produite.

Délocalisation des entreprises, chômage partout mais surexploitation dans les pays à la faible combativité ouvrière.

Les entreprises de « main-d'œuvre » ou ce qu'il en reste s'implantent en Asie du Sud-Est. Elles « sous-traitent » leurs productions ce qui permet d'employer femmes et enfants sans leur garantir ni salaire ni emploi. De plus, même dans ces pays « en voie de développement », le travail, au fur et à mesure que les nouvelles techniques de production sont introduites tend à « diminuer ». Et, de manière plus tranchée que dans les anciennes métropoles capitalistes, l'atomisation sociale produit ses effets.

La société se fragmente à l'infini. Des cadres « itinérants » dont le monde est le lieu de travail et qui sont les « commis voyageurs » – commerciaux ou techniques – des firmes multinationales à l'armée des « sous-traitants » qui à leur domicile contribuent pour partie à la fabrication des produits, des chercheurs aux « employés » qui devant leurs écrans profilent les prototypes ou tiennent à jour les comptabilités, chacun est *séparé* de l'autre par son salaire, ses rythmes, sa formation, sa fonction, mais, en même temps, chacun est *intégré* au capitalisme mondial, à la *Mégamachine sociale* dont on ne sait plus qui la dirige, et même s'il est possible de la diriger.

Cette diminution du nombre de « travailleurs », l'abandon des lois qui les protégeaient (parce qu'il y a chômage, travail précaire, délocalisation, etc.) permettent la baisse des coûts salariaux. Les profits augmentent ainsi que les investissements.

La tendance est à chasser le travailleur et à le remplacer par des machines : le nombre de robots employés dans la production double chaque année. Ils seront près de dix millions en l'an 2000. Le plus grand parc mondial actuel étant détenu par le Japon (141 000 en 1988).

Ces modifications des conditions de la production provoquent des mutations dans la société.

L'urbanisation tend à recouvrir les continents.

La ville se développe en apparence anarchiquement. En fait, elle obéit aux lois du profit.

Les banlieues ou les quartiers du centre – selon les histoires urbaines – recueillent les « nouveaux pauvres ».

L'insécurité liée au chômage, à l'isolement – de chaque individu – aux incertitudes sociales et à l'angoisse, se répand.

La vie sociale se durcit.

Les valeurs communes s'effritent. La répression tend à les remplacer.

Et la violence s'installe comme une réalité quotidienne.

L'ensauvagement des villes en cette fin de siècle se développe en même temps qu'augmente le nombre des « exclus », de ceux qui ne possèdent plus les « codes » nécessaires à l'intégration et ont été rejetés de tous les « réseaux ».

La nouvelle division internationale du travail capitaliste produit ainsi un bouleversement de la société mondiale.

Dans les métropoles capitalistes du passé (Europe, États-Unis) les conquêtes ouvrières sont remises en cause. Et dans le cœur du Système on voit apparaître des phénomènes de « quart-mondisation ». Les inégalités s'accusent donc : aux États-Unis 0,5 % de la population détient plus d'actifs nets que 90 % de cette même population, en 1983, et le phénomène s'est accentué depuis.

Mais le niveau de vie reste incomparablement le plus élevé de la planète (plus de cinquante appareils de téléphone pour cent habitants contre un pour cent en Afrique ou en Asie). Si bien que ces métropoles qui sont aussi des zones de « dépression démographique » attirent une foule d'immigrés. Ce qui accélère encore le processus d'émiettement de la société, et engendre à la fois des crises sociales – et un fléchissement supplémentaire de l'identité nationale – des régressions idéologiques (racismes, intégrismes) et des phénomènes de violence individuelle (délinquance, drogue, etc.). Les conquêtes laïques sont remises en cause et les religions tendent à imposer à nouveau leur vision du monde.

Dans le reste du monde (qui regroupe les deux tiers de la population mondiale !), la pauvreté est générale, même si par place et à l'intérieur de chaque société nationale des « privilégiés » partagent le mode de vie et les revenus des couches les plus aisées de l'humanité.

Mais près de 70 % de la population connaît un état de dénuement.

Mais 87 % des ressources de la planète sont consommées par moins de dix pour cent des hommes.

Mais des centaines de millions d'hommes glissent à la « quart-mondisation » : famine chronique, misère physiologique, maladies de carences, absence de travail, etc.

Tel est le système mondial du capitalisme.

Il ressemble à la *Metropolis* de Fritz Lang, avec ses foules d'esclaves réduites à une vie souterraine, exploitées et misérables.

Cet « envers » inhumain du système où croupissent et meurent des dizaines et des dizaines de millions d'hommes devrait empêcher tout chant de triomphe à sa gloire.

Si on les entend, c'est que le régime despotique communiste qui prétendait « remplacer » le capitalisme connaît un échec flagrant en cette fin de siècle.

Non seulement il a, durant plusieurs décennies, incarné la violence politique, la dictature, la répression, la terreur, mais, au terme de cette histoire, il rend les armes devant l'échec économique et social.

La production est incapable de faire face aux besoins. Les inégalités sont criantes, la centralisation économique paralyse le système tout entier, les violences entre groupes fréquentes.

Et dès lors, de la Pologne à la Hongrie, de la Chine à l'URSS, la seule issue paraît être de « réintroduire », de manière accélérée, les mécanismes du marché capitaliste seuls capables de résoudre les contradictions du régime despotique communiste.

Paysans rémunérés en devises parce qu'on espère ainsi les inciter à produire davantage, vérité des prix, endettement – à l'égal des pays du tiers monde – publicité commerciale, télévisions privées, bourse des valeurs ; à la fois dans les processus de production et dans les modes de vie, le capitalisme l'a emporté.

Il est pour les populations démunies et pour un grand nombre de dirigeants, l'avenir espéré, organisé.

Il s'agit de favoriser, comme le dit un ministre hongrois, la « transition du socialisme au capitalisme ».

On comprend dans ces conditions que la critique du capitalisme mondial, du « pan capitalisme » ait disparu.

Et que cette disparition soit particulièrement sensible chez les « intellectuels » qui avaient, durant les soixante premières années du XXe siècle, soit dénoncé les mécanismes du profit, prévu leur effondrement, soit vanté le régime despotique communiste comme l'alternative souhaitable au système capitaliste.

La mutation technologique, la nouvelle division internationale du travail, la dissolution de la vague révolutionnaire des années soixante-dix, l'échec latent puis flagrant du communisme, ont provoqué le retournement d'un grand nombre d'intellectuels.

En fait *c'est une mutation de leur fonction sociale que la nouvelle phase du capitalisme produit.*

Dans cette production « immatérielle », dans ce monde de programmes, d'images, d'abstraction, de gestion, des intellectuels, différents des idéologues ou des penseurs critiques, sont nécessaires en grand nombre.

Ils « s'intègrent » et sont les bénéficiaires du système dont ils deviennent les meilleurs experts. Ils sont des rouages décisifs de la *Mégamachine* sociale. Ils la font fonctionner et la justifient. Elle leur apparaît comme la seule possible. Ils tentent de l'améliorer et ils en deviennent ainsi les serviteurs, les « scribes ».

Soit ils la gèrent sur le plan technique (ils sont experts financiers, ingénieurs, etc.), soit ils transforment en « valeurs » les comportements qu'elle suscite spontanément par le jeu des mécanismes mêmes de la recherche de la plus-value et du profit. Ils sont publicitaires, commentateurs, etc.

C'est à *l'intérieur du système* mondial capitaliste et de lui seul qu'ils se situent. Ils en sont les propagandistes et les idéologues tout en affirmant la « fin des idéologies ».

Ce ralliement des intellectuels traditionnels et cette attitude des nouveaux intellectuels sont une des caractéristiques fondamentales du « pancapitalisme » d'aujourd'hui, l'un des signes de son « triomphe », et aussi la preuve que nous sommes au seuil d'une période historique nouvelle.

Jusqu'à cette dernière décennie en effet, soit par la croyance dans la « solution » communiste, soit par la certitude que le capitalisme n'était pas la « fin » de l'histoire, un discours alternatif était tenu – par les intellectuels – contre le capitalisme, dénonçant ses zones d'ombre, ses valeurs. Qu'il s'agisse d'un discours révolutionnaire, communiste ou tiers-mondiste, il offrait une perspective historique, fût-elle utopique.

Ce discours s'adossait à des blocs sociaux – le prolétariat et les partis « ouvriers » ou les mouvements nationalistes du tiers monde – qui physiquement représentaient les pôles de résistance à la normalisation capitaliste.

Les pays « communistes » incarnaient, au plan mondial, le pôle anticapitaliste de cet antagonisme dual : capitalisme – autre voie (communisme, etc.).

Le triomphe capitaliste, l'échec communiste, la diversification du Tiers Monde et le naufrage de son idéologie, la fragmentation sociale, ne laissent en place qu'un système capitaliste mondial intégré.

Mais comme les contradictions demeurent, que l'inégalité est partout présente et qu'elle s'aggrave (un autre exemple : dans les villes américaines, les tensions raciales entre Blancs et Noirs, les différences de modes de vie sont plus fortes qu'en 1970 !), que de nouveaux problèmes surgissent (dette, chômage, insécurité urbaine, quart-mondisation, etc.) et qu'il n'existe plus de perspective historique « rationnelle » – comme prétendaient l'être les « solutions révolutionnaires » –, ce sont des révoltes « traditionnelles » qui surgissent.

Les unes sont de type individuel.

Elles ne menacent pas le système mondial, mais elles créent un climat de violence qui accroît les tensions.

Il s'agit par exemple de la criminalité juvénile qui empoisonne les villes, mais aussi de toutes les formes de délinquance (du pillage des magasins au saccage). Elles se retournent contre leurs auteurs, emprisonnés, détruits par la drogue, ou se livrant entre eux à des guerres « tribales ».

Elles suffisent cependant à fissurer une civilisation. L'atmosphère sécuritaire et répressive s'étend. Des camps de « redressement » (qui doivent produire un « choc carcéral ») sont créés aux États-Unis où les méthodes les plus barbares sont légalement employées et la condamnation à mort des mineurs vient, dans ce pays, d'être à nouveau autorisée.

Où est le triomphe du système capitaliste ?

Il existe aussi des révoltes « organisées » de type criminel.

Elles prolifèrent comme une tumeur cancéreuse sur le système mondial capitaliste, cherchant le profit maximum aux marges de la « loi » utilisant le système pour se développer.

Les « mafias » – de la drogue, des trafics en tous genres, etc. – dominent ainsi des États entiers. Elles sont puissantes en URSS – où elles suppléent le Parti communiste – elles poussent des ramifications jusqu'aux sommets des États (Cuba, Panama, Colombie, Italie).

Elles corrompent le système bancaire international (recyclage des narco-dollars, en liaison avec des banques suisses).

Elles détournent des fonds (ceux de la CEE).

Elles assassinent, terrorisent, contrôlent des réseaux transnationaux.

Le gouvernement italien peut même déclarer craindre que l'Italie ne sombre dans un « nouveau moyen âge ».

Ce crime organisé, système mondial criminel, parallèle au système mondial « légal », issu de lui mais en contestant les règles, ne menace en rien l'organisation du monde.

Il profite d'elle, peut la perturber, la parasiter, mais, tout en étant en « révolte » contre elle, puisqu'il en refuse les lois, il en conforte les « valeurs ».

En fait il les « décape » et laisse à nu la réalité du monde : on tue pour l'argent, pour le profit maximum. On vend n'importe quoi, quelles qu'en soient les conséquences humaines.

Quant aux révoltes politiques, puisque le capitalisme semble ne pas admettre de solution « au-delà » de lui, elles ne peuvent être que régressives.

L'intégrisme religieux – musulman, catholique ou judaïque – retrouve ainsi une vigueur dangereuse et avec lui son cortège d'obscurantisme, de fanatisme, de limitation des droits de l'homme.

Il est d'autant plus menaçant quand – comme l'intégrisme musulman – il prend appui sur les masses misérables exploitées auxquelles il offre un discours simplificateur, désignant des « Satans » – les États-Unis par exemple – à la haine des foules.

Il développe des formes de lutte qui, ponctuellement, dégradent les relations internationales (le terrorisme).

Et surtout il provoque en retour des réactions complémentaires : le racisme, le chauvinisme, l'antisémitisme. Il est le brasier à partir duquel des conflits locaux peuvent s'étendre. Il illustre le fait que l'absence de contestation rationnelle et humaniste du capitalisme, l'abandon de toute critique radicale d'un système mondial qui produit l'inégalité croissante entre les hommes, ne peut que provoquer des comportements et des révoltes « archaïques ».

Le renouveau de l'intégrisme (et du racisme et des fanatismes) est la preuve de l'échec des « alternatives » progressistes au capitalisme et la manifestation des contradictions que le système révèle.

Les menaces régressives se manifestent d'ailleurs à l'intérieur même des « vieux » régimes politiques démocratiques, dans lesquels le capitalisme avait trouvé naissance avant de rayonner sur l'ensemble de la planète.

L'identification est même souvent faite entre économie de marché (capitalisme), pluralisme politique et démocratie.

C'est oublier à la fois les luttes ouvrières séculaires qui ont « contraint » le capitalisme à reconnaître droits sociaux et politiques, et les épisodes fascistes et nazis au cours desquels le capitalisme a « toléré » – sinon porté – la barbarie politique. Et aujourd'hui il « fonctionne » avec le régime du racisme légal qu'est l'apartheid en Afrique du Sud.

Mais c'est aussi ne pas tenir compte des « guerres », forme de dictature armée et de crime légal qu'elles représentent, comme la domination impérialiste qui, hier sous ses aspects coloniaux, aujourd'hui par la surexploitation de la plus grande partie de l'humanité, tolère fort bien les exceptions à la démocratie... qui sont en fait la règle du système mondial capitaliste.

Mais c'est le fonctionnement même de la démocratie dans les « vieux pays capitalistes » qui est remis en cause.

La crise de l'institution parlementaire est partout manifeste. La médiatisation transforme les « électeurs » en consommateurs d'une marchandise politique vendue tel un quelconque produit. On assiste au retour du « suffrage censitaire » de fait, là où existe le suffrage universel de droit : les plus pauvres, les moins instruits, les moins « blancs », s'abstenant *volontairement* de voter, s'excluant d'eux-mêmes de la vie politique.

Celle-ci d'ailleurs n'a plus guère de prise sur les « vraies décisions ».

Les États nationaux sont déphasés par rapport au marché mondial global dans lequel s'inscrivent les stratégies des firmes multinationales.

Une idéologie de la « fin des idéologies », de la « fin » du politique, de la « fin » des États-nations, vient donner une caution intellectuelle et théorique à un état de fait qui favorise le fonctionnement du système mondial.

Car les décisions échappent ainsi aux électeurs et aux élus pour relever du monde des juges ou des « experts » qui ne sont que les metteurs en forme et au mieux les régulateurs des exigences du système.

Ce qui est produit par le système capitaliste mondial devient ainsi ce qui *doit être,* ce qui est inéluctable. Et les experts s'emploient à démontrer, à ceux qui pourraient en douter, qu'il ne saurait qu'en être ainsi : que les conséquences du capitalisme sont des lois de nature, contre lesquelles on ne peut se dresser, dont on peut, à la marge dans certaines conditions, aménager les effets.

Ainsi, l'individu se trouve-t-il isolé aussi sur le plan politique, dépossédé de toute participation à la décision, à la vie sociale, comme il l'est dans les mécanismes de production.

Sa qualité de citoyen devient – là où elle s'exerçait car dans le reste du monde elle n'a jamais vu le jour – une illusion, et sa participation un simulacre. Il est « consulté » (par le vote, le sondage, etc.), appelé à approuver des décisions qui sont déjà prises, « ailleurs », par des experts.

La politique du fait accompli est pour tout ce qui concerne les secteurs importants (la vie économique et internationale) la règle du système mondial.

Dès lors on peut se demander si la bifurcation historique actuelle n'est pas caractérisée *par le surgissement, de la matrice même du capitalisme, d'une nouvelle forme sociale, toujours régie par les logiques du capitalisme mais si démultipliées* (à la fois dans l'infiniment grand : ayant subverti toute la planète, et dans l'infiniment petit : concernant tous les aspects des temps de la vie individuelle) qu'*on peut parler d'un autre type de société.*

Les États nationaux y sont dépossédés de leurs prérogatives et les structures sociales y sont normalisées, les individus y sont isolés et totalement intégrés, les pouvoirs échappent au contrôle et les mécanismes y sont de plus en plus abstraits et globaux.

La planète tout entière est devenue un ensemble intégré, complexe.

Chaque action rejaillit sur la totalité et vice versa et ce dans un temps de plus en plus court, presque dans la simultanéité (l'aspect le plus spectaculaire de cette situation étant le marché financier mondial).

Les oppositions à cette « mégamachine sociale » sont régressives et résiduelles. La mégamachine sociale tourne de plus en plus vite, de crise en crise, sans rencontrer d'autres contradictions que celles qu'elle suscite elle-même et qui sont un facteur de son déploiement.

Cette accélération, cette complexification, cette absence d'opposition « rationnelle » envisageant le futur du système et ne cherchant pas à le consolider ou à le refuser au nom du passé, rendent la situation actuelle dangereuse et même explosive.

Dans la logique du système en effet, les découvertes scientifiques (notamment celle de la biologie) peuvent conduire à une « mise en vente » – qu'annonce la commercialisation des « organes » et les trafics d'enfants – et à une « normalisation » de la vie.

Un « eugénisme social » écartant « les produits humains défectueux » ou non « utilisables » et mettant sur le « marché » les meilleurs, les plus conformes, peut voir le jour avec tous les aspects « moraux » que cela pose, réalisant ainsi une véritable révolution fondamentale par rapport à toutes les étapes antérieures du développement historique de l'homme.

L'homme devient maître des processus de la vie, alors même qu'il est incapable d'orienter le développement de son histoire collective et que la crise continue d'être le mode « naturel » de ce développement. Et dès lors sa « maîtrise » des processus de la vie serait soumise à toutes les anarchies et logiques du « marché ».

Par ailleurs, l'accélération du développement du système mondial a déjà provoqué – et continue de provoquer – une destruction de l'environnement humain qui notamment par l'effet de serre (réchauffement de l'atmosphère, etc.) mais aussi par le pillage et le saccage des ressources met en cause l'avenir de l'homme.

Et cette situation est d'autant plus menaçante que les États nationaux ont perdu leurs pouvoirs de contrôle sur le marché mondial alors même que celui-ci n'est pas encore soumis – à supposer que cela soit possible – à des autorités supranationales.

Or le système mondial est d'autant plus sensible et fragile qu'il est complexe et ramifié.

La crise financière d'octobre 1987, même si elle n'a pas été suivie de la récession prévue par les experts, l'a démontré avec sa chute spectaculaire des valeurs (supérieure à celle de 1929) sur l'ensemble des places boursières. Et la secousse boursière d'octobre 1989 confirme la fragilité du système financier mondial.

Les États nationaux ont chacun joué leur partie à la fois dans le déclenchement de la crise de 1987 (prise de position allemande et américaine) et dans sa résolution (injection de liquidités).

Mais même si la crise a pour l'heure été jugulée et apparaît comme une crise *régulatrice,* de remise en ordre, elle a démontré que la contradiction continue d'exister entre les États nationaux et leur politique et l'internationalisation de l'économie.

Cela est vrai aussi dans le domaine politique et la décomposition du système communiste si elle ouvre au capitalisme de nouveaux espaces d'interventions – de nouveaux marchés – va aussi accélérer les contradictions, sans compter les risques d'explosion que comporte toute évolution rapide et chaotique d'un régime despotique.

On ne peut en effet oublier dans cet univers à la fois intégré et conflictuel la masse d'armements atomiques qui rendent la destruction de l'humanité possible.

La *mégamachine* sociale qui s'est mise en place et qui structure toute la planète est ainsi génératrice d'anarchie autant que d'ordre, de différenciation *autant* que d'uniformisation, d'exigence d'égalité *autant* que de source d'inégalité, de communication instantanée autant que de fossé d'incompréhension et d'incommunicabilité, de transparence autant que d'opacité, de triomphes de rationalité scientifique, autant que de régressions obscurantistes.

Cette mégamachine est comme un organisme vivant, naturel, créatif et destructeur, qui comporte de si nombreux paramètres, que la programmation de son développement ne peut être que partielle, et décryptée *a posteriori.*

Ou pire, ce pourrait être une *mégamachine* vivante, sans programme autre que son développement jusqu'à ce qu'elle implose ou explose.

Les hommes attachés au progrès humain, les socialistes et tous ceux qui refusent la fatalité d'une telle issue, tous ceux en somme qui ont une vision prométhéenne de l'homme et la revendiquent, ne peuvent admettre une telle impuissance.

Leur rôle, c'est de faire le pari de la raison, de poser, comme un préalable, le postulat de l'intelligence possible de la situation et de l'introduction dans la *programmation* d'une volonté humaine raisonnée, d'affirmer en somme la liberté de l'homme d'agir en conscience et avec lucidité, pour orienter un développement collectif et mettre cette *mégamachine* sociale, produite par les hommes, à leur service. Afin qu'ils soient plus hommes demain.

Telle est la tâche des « progressistes », des « humanistes », des socialistes, en cette décennie des choix décisifs de l'humanité.

6

Les tâches à accomplir

C'est d'abord de refus, dont ce monde a besoin à la veille du troisième millénaire.

Un refus radical, absolu, préalable à tout compromis.

Un refus qui est affirmation d'une vision de l'homme et de son histoire.

Un refus qui est donc de l'ordre de la philosophie et de l'éthique.

Un refus qui est la condition de l'action.

Un refus qui manifeste l'espoir que rien n'est jamais vraiment joué pour l'homme, que son avenir est ouvert.

S'il le veut.

Il faut refuser en effet d'accepter la logique actuelle de développement du système mondial et refuser l'état du monde tel qu'il est.

Ni le saccage de la nature, ni les inégalités tragiques, ni l'accumulation des armements, ni le gaspillage des ressources, ni la mise au service du profit des découvertes scientifiques, ni la coexistence d'un essor extraordinaire des techniques et d'une misère aggravée, ni les aveuglements criminels du racisme et des intégrismes, ni les politiques de puissance, ni l'égoïsme des forts et la mort des faibles, ni l'hypocrisie de la générosité verbale et la soumission de fait aux lois économiques d'un système qui provoque l'inégalité dont on fait mine de se soucier, ne sont acceptables.

Le scandale d'un monde inhumain, alors que les pouvoirs de transformation acquis par les hommes sont immenses, doit être inlassablement dénoncé.

L'échec et la barbarie des solutions communistes, qui ont prétendu se substituer au capitalisme au cours du XXe siècle, *ne sauraient en rien se transformer en apologie d'un système qui,* s'il porte en lui les principes d'un développement impétueux des productions et utilise et exalte le désir de liberté, *consomme et détruit de l'homme* tout autant que des matières premières, des lieux et des équilibres naturels.

Il faut refuser ce système, cette logique de développement comme il faut refuser la bureaucratie policière qui fige et emprisonne l'homme, étouffe sa liberté intellectuelle et morale, sous prétexte de changer le monde.

Le temps n'est plus aux « logiques courtes », celle du profit, celle de la dictature bureaucratique et politique, et souvent elles se superposent ou s'enrichissent l'une de l'autre, même lorsqu'elles s'opposent.

Mais ce refus posé, la tâche est à la fois immense et urgente.

Elle ne peut se résumer, en effet, à des déclarations de principe.

Elles sont indispensables mais l'incantation n'est pas une solution. Le pragmatisme, la prise en compte du monde tel qu'il est, sont nécessaires.

De ce point de vue, le xxe siècle a été une dure école pour ceux qui contestent le capitalisme.

Ils y ont appris qu'il n'y a pas de solution « toute faite », que la « révolution » et la prise du pouvoir peuvent être des impasses sanglantes, dont, un demi-siècle plus tard, on tente de fuir en recourant au capitalisme.

Le « communisme » a démontré ainsi – expérimentalement – la faillite des solutions « économistes ». Et l'importance des « superstructures » politiques et culturelles. *C'est Jaurès qui avait raison contre Lénine.*

La démocratie politique, les principes républicains s'ils sont toujours menacés d'être vidés de leur contenu égalitaire par les mécanismes « naturels » de l'économie capitaliste n'en représentent pas moins des protections, des garde-fous contre le règne sans partage des « marchands » et la dictature des « marchandises ».

De même la notion de « droits de l'homme » issue du combat millénaire de l'homme pour le respect de son individualité est-elle une conquête à laquelle on ne saurait renoncer et qu'on peut défendre dans une économie de marché (fondée sur le processus d'individualisation) plus facilement que dans une société bureaucratique et une économie collectivisée, l'une et l'autre régressives.

Ainsi le xxe siècle a-t-il restitué toute son importance au politique et au culturel et rappelé qu'à nier l'individu et ses droits, un régime, quelle que soit son assise économique, se condamne à la répression, à la régression et donc au despotisme et à l'échec, économique, culturel, humain.

Mais si Plekhanov, Jaurès et Blum triomphent de Lénine, ils sont aux côtés de Marx dans leur critique du capitalisme.

Et, de ce point de vue, affirmer que les socialistes démocratiques l'ont emporté n'est qu'une vague pirouette.

Vainqueurs du communisme ? Certes. La social-démocratie a vu confirmées par l'histoire ses critiques du bolchevisme. Elle a, dans l'ensemble – et dans les métropoles capitalistes où elle gouvernait : car que diraient les peuples coloniaux !... – respecté et élargi les principes démocratiques et défendu les droits de l'homme, la raison critique. Elle a, dès l'origine, rejeté le dogmatisme léniniste et la barbarie stalinienne.

Elle a de même, dans quelques pays du « centre » du système capitaliste, réussi à passer avec lui, au terme de luttes sociales et politiques, des compromis favorables au plus grand nombre.

La protection sociale, les droits des travailleurs, les libertés syndicales, voilà qui compte dans la vie d'un peuple.

Mais tout cela peut être, à chaque instant, remis en cause, érodé, annulé, car la venue au pouvoir des « socialistes démocratiques » n'a, au cours de ce siècle, jamais réussi à « rompre » avec les logiques du profit.

Elles ont pu parfois être superficiellement freinées, leurs effets ont pu être temporairement atténués.

Mais le plus souvent les « socialistes » ont abdiqué, se laissant porter par ce « développement », acceptant la

« civilisation » que le capitalisme génère, et baptisant du nom de « modernité » ce qui n'est que la transformation de la société par de nouvelles manières de produire du profit en adaptant les structures sociales aux impératifs que cela implique. Les socialistes se sont glorifiés d'être les porteurs de cette « modernité », d'en « gérer » la mise en place.

Ils ont été, consciemment ou inconsciemment, les instruments politiques d'une transformation économique et sociale en totale contradiction avec les valeurs et les principes dont ils se prétendent être les légataires et les défenseurs.

A des nuances près (et qui sont importantes dans la vie quotidienne de quelques nations) ils n'ont rien empêché, s'ils ont beaucoup justifié et légitimé. Et, à une décennie de l'an 2000, tant les sociétés développées (les vieilles nations capitalistes) qu'ils ont gouvernées ou qu'ils gouvernent encore (ainsi par exemple la France et l'Espagne) que le tiers monde, ont été modelés par la logique capitaliste du système, avec les effets inhumains (40 000 décès d'enfants par jour ! n'est-ce pas de l'inhumanité ?) que l'on a rappelés. (Pour être moins tragique, le licenciement, en France, de milliers de délégués syndicaux, alors que les socialistes « gouvernent » est significatif !)

Cette « dissolution » des socialistes dans le système mondial intégré capitaliste (qui est un aspect du ralliement des intellectuels à ce système) a favorisé, surtout dans les pays de tradition ouvrière et révolutionnaire, au comportement « anticapitaliste », le « triomphe » du capitalisme.

Les socialistes, au nom de la « modernité », de l'adaptation à la révolution scientifique et technique, ont accrédité l'idée, au moment où s'effondrait le « modèle communiste », que la voie du capitalisme était la seule, que le système mondial tel qu'il fonctionnait était « l'horizon indépassable de l'histoire ».

Alors qu'ils devaient proclamer avec force *à la fois* leur volonté d'être pragmatiques *et* leur résolution de refuser ce système, alors qu'ils devaient accepter le pouvoir *et* dénoncer la civilisation marchande, ils ont, au nom du réalisme, de la modestie nécessaire des solutions, renoncé à la position de refus. Ils ont inventé le « libéral-socialisme », c'est-à-dire des intentions sociales et une soumission totale aux lois du marché.

Ainsi le système mondial capitaliste a-t-il *intégré* la plupart des socialistes démocratiques.

Ce n'est donc plus seulement l'idée et la possibilité de révolution que le XX*e siècle a minées, mais aussi celles de réforme et de transformation sociales.*

Dans *les faits* n'existent plus que l'accompagnement des mutations que le système économique capitaliste provoque, et leur désignation, leur « baptême », par les socialistes, comme inéluctables effets d'un saut technologique et scientifique.

Mais déjà aujourd'hui et encore davantage dans les années qui viennent, ce discours adaptateur et lénifiant ne peut plus et ne pourra plus être tenu.

Il ne doit plus et il ne devra plus l'être.

C'est que les contradictions de cette « modernité » éclatent chaque jour davantage et que se dissipent les illusions.

Derrière les mots clinquants, les fastes célébrés du progrès scientifique et technique, les grimaces de la réalité font surgir un « vieux monde » impitoyable.

Développement culturel ?

Voici que l'on découvre que dans la dernière décennie le budget culturel des familles a baissé en France ! Et on compte par millions dans les pays développés les « analphabètes ». Pour ne rien dire de la « soupe » télévisuelle, support des messages publicitaires !

Lutte contre les inégalités, droits de l'homme ?

Dans les grandes villes occidentales les « nouveaux pauvres » encombrent la nuit les halls des gares et les couloirs du métro, et l'on revient aux vieilles pratiques de la charité, de l'assistance, soit privées soit publiques (Restaurants du Cœur, Revenu Minimum d'Insertion, en France).

Libertés ?

Dans les replis de la société, le racisme, les intégrismes, l'antisémitisme montrent leur groin et tuent.

Liberté ?

Quelle est celle du chômeur ? Du délégué syndical ? Dans la réalité et non dans les mots ?

Jamais le monde n'a autant changé dans ses « manières » de vivre et jamais les lois fondamentales du système ne sont autant restées semblables à elles-mêmes.

Sur les ruines du compromis social « fordiste » des années quarante-soixante – qui, sous la pression des revendications et des luttes ouvrières, avait (tout au moins dans certains pays : France, États-Unis et l'Europe d'après-guerre) officiellement des intentions égalitaristes et une finalité formellement « progressiste » (optimiste) –, une autre société se met en place qui retrouve des valeurs hiérarchiques d'inégalité, les explicite, les revendique même dans le libéralisme, n'admettant plus de fait la vision démocratique, « intégrant » les oppositions, fragmentant les groupes.

Et chaque société se divise en « guerriers » (en « gagneurs » de la « guerre économique », de la lutte pour le profit) liés au système mondial de la compétition, en « prêtres ou scribes » (politiciens ou intellectuels, journalistes, technocrates et experts gérant les fonctions collectives et légitimant le système), et « serfs » (chômeurs, travailleurs précaires et occasionnels, exclus en tout genre, voués aux tâches « serviles » – multiplication dans nos sociétés des activités dites de « service » : en fait retour en force de la « domesticité » au « service » des « guerriers » vainqueurs).

La politique des « hauts salaires » réservés aux « gagneurs » (salaires qui ne sont que la partie émergée de la rémunération car il faut tenir compte de tous les avantages : notes de frais, voitures de fonctions, etc.) n'est évidemment pas innocente. Elle privilégie tous ceux qui « illustrent » le système, le légitiment – publicitaires, « vendeurs » en tout genre – et forment cette couche d'idéologues masqués qui se parent des vertus de « l'objectivité », de « l'analyse scientifique » pour tresser l'apologie d'un ordre qui a fait d'eux des privilégiés.

Quel autre mot employer pour caractériser la place de ceux qui bénéficient d'un « salaire » de 150 000 francs par mois – ou plus – alors que les ouvriers, après vingt ans de travail dans une usine automobile, réussissent avec les heures supplémentaires – ce qui les fait travailler tous les samedis – à gagner 5 000 francs par mois (1989) !

Quand il faudra rendre compte de la grève dans une usine automobile, et l'analyser quel que soit l'effort fait pour donner la parole aux ouvriers, ceux-ci resteront en fait des « sans-voix ». Toute la machine sociale est organisée pour les réduire au silence, leur faire penser qu'ils doivent se taire parce qu'ils ignorent la complexité des problèmes ! « Silence au pauvre » ! criait déjà Lamennais au XIXe siècle.

Cette nouvelle société d'ordre, de castes, médiévale... n'est plus démocratique. Il n'est donc pas étonnant que les institutions parlementaires connaissent partout une crise de fonctionnement, et qu'en France, la République, forme la plus avancée de la participation politique, soit vidée de sa substance.

Fin de l'élu, règne du « juge » ou de « l'expert », qu'aucun scrutin n'a investi de légitimité mais auquel le pouvoir « délègue » une autorité supérieure à celle des représentants du « peuple ».

Ces faits – qui sont pour les hommes des données d'expérience quotidienne – ruinent le discours apologétique, qui célèbre le système.

Chacun sent bien, *dans sa vie,* les contradictions de plus en plus flagrantes et insurmontables d'une logique qui crée les « moyens » de la liberté individuelle et produit les conditions de son « étouffement », de sa négation ou de sa réduction à la solitude.

Aussi, si l'on peut, pendant un temps – ce qu'ont fait les socialistes démocratiques – exalter à la manière des saint-simoniens, la révolution scientifique et technique, les hommes se rendent compte que, par exemple, percer un tunnel sous la Manche (et au XIXe siècle, c'était le canal de Suez) ne modifie pas les conditions de fonctionnement du système. Et, dès lors, *l'échec de Lénine n'empêche pas que revienne le temps des Marx et des Jaurès.*

D'autant plus que de krach boursier en catastrophe nucléaire, d'effet de serre en croissance démographique, de spéculation financière en endettement insupportable de la majorité de la planète, le système mondial apparaît de plus en plus inadapté aux nécessités de l'époque.

Et les réunions au sommet des sept grandes puissances industrielles et leurs déclarations d'intention, alors que chacune de ces nations, et d'abord les plus fortes, mène son jeu politique et économique, ne peuvent changer les données du problème, mais tout au plus attirer l'attention sur quelques-uns de ses aspects.

Les avertissements quant à l'urgence pourtant ne manquent pas.

« Tout comme en 1987, écrit en juin 1989 Maurice Allais, fondamentalement, l'économie mondiale est potentiellement instable, son évolution à court terme est largement imprévisible... Elle repose actuellement sur deux volcans : un endettement démesuré, un chômage excessif, et leur présent équilibre est éminemment précaire et instable. »

Aussi Maurice Allais peut-il conclure : « C'est certainement un grand scandale intellectuel et politique qu'après la récurrence des grandes crises, depuis au moins deux siècles, nos sociétés démocratiques ne se sont pas encore révélées capables de définir les institutions économiques au sein desquelles les fluctuations conjoncturelles se trouveraient sinon supprimées, tout au moins considérablement atténuées. »

Ce « grand scandale intellectuel et politique », dont parle

l'économiste libéral Maurice Allais, c'est aux progressistes, aux socialistes de le dénoncer, et d'expliquer qu'il n'est pas le produit d'une inconscience des dirigeants politiques et économiques, mais bien des logiques d'un système et qu'il faut donc les modifier.

Mais comment y parvenir, dès lors qu'elles ont « tout » intégré, que les forces qui s'opposaient à elles se sont soit déconsidérées, soit se sont converties, soit se sont émiettées ?

D'abord la prise de conscience.

De l'ampleur du défi, de la possibilité de le relever puisqu'il y a nécessité de le faire.

Cette conviction brise déjà avec l'esprit de soumission, et parfois de cynisme et de veulerie auquel se mêle la satisfaction des ambitions et des désirs que donne la participation aux sommets du pouvoir.

Puisqu'il n'est plus possible de « changer la vie », puisque, à l'évidence, le capitalisme triomphe, puisque la société est atomisée et que l'individualisme l'emporte, pourquoi ne pas troquer, en toute bonne foi, le désir de rupture et de refus (le rêve révolutionnaire) en volonté de réformer petitement ce que l'on peut, au quotidien, et celle-ci (parce qu'elle-même se heurte à des résistances) en politique au fil de l'eau qui apporte le plaisir de gouverner et la jouissance d'être approuvé par les « puissants » ?

Car, quelle que soit la vigueur des mots que l'on prononce, si l'on se laisse porter par le courant majeur, si l'on va dans le sens des transformations que le système mondial met

« naturellement » en place, on peut demeurer longtemps aux commandes, au gouvernement.

On ne pilote plus rien mais on porte l'uniforme, on déjeune au carré des officiers et l'on peut se montrer sur la passerelle. On peut même se donner l'illusion et faire croire un temps que l'on tient la barre, alors que le courant seul vous dirige.

Briser donc avec ce comportement.

Réaffirmer que le refus est nécessaire et possible.

Et pour ceux qui sont décidés à cette « rupture », troubler à chaque instant l'harmonie pompeuse, autosatisfaite et bien-pensante des discours.

Sur l'esplanade des Droits de l'homme, il faut faire avancer les pauvres de la planète.

Dans la satisfaction euphorique de la « croissance » – qui serait retrouvée – il faut rappeler les 1 300 milliards de la dette, et par exemple que l'Amérique latine a opéré, en cinq ans, un transfert de 180 milliards de dollars vers le Nord, soit 600 millions de francs par jour !

On comprend que les pauvres de Caracas ou de Buenos Aires, même quand leurs gouvernements sont sociaux-démocrates, tentent de piller les supermarchés.

La *réalité* de notre politique, celle des sept puissances industrielles aux résolutions si généreuses, ce sont les forces armées qui ouvrent le feu sur les pillards affamés.

Il faut que ces coups de feu retentissent dans les grandes salles de concert où l'on se congratule à l'entracte, entre puissants.

Or ces voix qui s'élèvent ou vont s'élever rencontrent un écho amplifié.

Et ce malgré l'émiettement social, la régression politique et syndicale, la crise de la démocratie et celle des partis, et malgré l'intégration que le système mondial a réussie.

Car il porte sa contradiction majeure en lui et elle s'approfondit.

Le désir d'autonomie et d'individualisation – qui est l'une des expressions de la volonté d'égalité – est plus que jamais à l'œuvre.

Il s'exprime de mille manières : dans des mouvements sociaux comme dans les révoltes individuelles – ou de bandes – où s'affirme, dans des versions légales ou criminelles, un courant de rébellion et de refus.

Certes, les déviations sont nombreuses et périlleuses.

Elles ont le visage de la délinquance, de l'intégrisme ou du racisme. « L'ancien se meurt, écrivait Gramsci, le nouveau ne parvient pas à voir le jour : dans ce clair-obscur naissent les monstres. »

Mais le fait est là : dans les souterrains de *Métropolis* la révolte ne dort que d'un œil.

Et parfois, brusquement, elle se dresse.

Quand en décembre 1986, le gouvernement français veut modifier dans un sens inégalitaire le fonctionnement de l'enseignement supérieur, des centaines de milliers de jeunes, « intégrés » et apparemment sans « culture politique », refusent, manifestent et font échouer le projet.

Il n'est pas un secteur d'activité où, peu à peu, ne se réveille la contestation. Elle peut être jugée corporatiste, elle peut rapidement s'effriter, se dissoudre et d'autant plus que rien – ni parti politique, ni grand syndicat – ne vient fédérer ces luttes fragmentées, mais elle existe et, dans les vieux pays capitalistes où le mouvement ouvrier a laissé une sédimentation, elle mobilise des foules de salariés (ainsi en France les personnels hospitaliers ou ceux des impôts, sous un gouvernement socialiste cependant).

Et au plan mondial, les problèmes peu à peu sont nommés (surarmement, saccage de la nature, endettement des pays pauvres, instabilité de l'économie, rôle ambigu des États-Unis dont la dette externe sera bientôt supérieure à celle des pays du tiers monde et qui vivent donc à crédit, exportant leur chômage et se faisant financer (une forme traditionnelle de pillage capitaliste des plus pauvres) leur consommation et leur mode de vie), de même que la nécessité vitale de les résoudre – vite – s'impose. Des conférences se tiennent – sur la protection de l'environnement – des résolutions sont prises (ainsi en juillet 1989, au sommet des Sept à Paris) des mouvements nouveaux apparaissent (les Verts) qui s'opposent au consensus sur le modèle de croissance ; des intellectuels font à nouveau entendre leur voix critique.

Après la crise et la mutation réussie du système mondial (les années soixante-dix-quatre-vingt) et l'intégration qu'il génère dans la nouvelle société qui se met en place (années quatre-vingt-quatre-vingt-dix), voici peut-être que s'annonce une nouvelle vague de contestation du système. Elle touche les nations du despotisme communiste (Chine, URSS, Pologne, RDA, Tchécoslovaquie) qui font de plus en plus partie de ce système, mais elle devrait secouer les autres pays.

Car la bifurcation historique où nous sommes parvenus concerne *toute* l'humanité et non pas seulement telle ou telle partie du système mondial.

Et là est la nouveauté de l'époque, et là est la difficulté.

On voit bien en effet quels sont les grands thèmes qu'il faut affronter et ce qu'il faut réformer.

Le désarmement est nécessaire, avec ce qu'il implique de réduction dans les dépenses militaires et leur affectation à d'autres secteurs prioritaires sur le plan humain.

Un nouvel équilibre économique mondial est indispensable, ce qui suppose une solution apportée au problème de la dette des pays pauvres – un moratoire ? –, une réorientation du développement, afin d'éviter les gaspillages et le creusement des inégalités, et bien sûr une redéfinition du rôle et de la place des États-Unis, dans cet ensemble mondial (problème de la dette des États-Unis). Et la question démographique doit être abordée dans ce contexte.

Une protection de la nature et une prise en compte, au plan mondial, des problèmes écologiques sont urgentes si l'on ne veut pas rendre irréversibles des dommages qui peuvent mettre en péril la survie de l'humanité. Mais cela ne peut être possible sans une action concertée de tous les pays et un contrôle sur les manières de produire.

Si bien que ces trois thèmes majeurs renvoient à une autorité mondiale qui n'existe pas (sinon l'ONU, ou des Conférences plus limitées, le directoire des Sept, etc.), à une « planification » mondiale qui relève encore de l'utopie et sous-entend une délibération en commun des plus grands États qui signifierait qu'ils ont réussi à maîtriser leurs rivalités, pour élaborer un programme d'action.

Puisque telle est la situation, le fossé entre ce qui serait nécessaire et ce qui est possible apparaît immense. Et même si la conscience de l'obligation de le combler est réelle, les moyens manquent.

C'est comme si une course de vitesse était engagée, dont on mesure l'enjeu, mais le handicap est tel que le « pire » est en situation de l'emporter.

C'est précisément ce qu'il faut refuser d'admettre et, puisque le « pessimisme de la raison » est le fruit de la lucidité, il faut renforcer encore « l'optimisme de la volonté ».

Et chercher des points d'appui.

Il y a les mouvements sociaux.

On a évoqué leur réalité, leur inéluctable surgissement. Mais il ne faut pas surévaluer leur rôle.

Il y a les « organisations internationales ».

Elles sont des lieux de parole et de rencontre, de concertation et quelquefois des centres d'action. Cependant, souvent, leur nature même les conduit à l'immobilisme. Les intérêts contradictoires s'y neutralisent. Les décisions sont prises ailleurs.

Cet « ailleurs » a deux faces, souvent interpénétrées.

D'une part le pouvoir économique (celui des grandes firmes transnationales, dont la stratégie est mondiale) et le pouvoir financier avec ses pôles boursiers et bancaires dispersés sur l'ensemble de la planète et gérant un système monétaire qui a sa vie propre, et dont la loi est la spéculation.

D'autre part le pouvoir politique, celui des États-nations.

Certes ce pouvoir-là, et les nations elles-mêmes, connaissent, on l'a souligné, une érosion de leur capacité d'intervention.

Et toute l'expérience du XXe siècle démontre que c'est illusion que de vouloir *intégrer* l'économique au politique, diriger politiquement, bureaucratiquement – et de manière centralisée – la vie économique d'une société.

Mais, ce qui est en cours de réalisation, depuis la fin des années soixante-dix, c'est la décadence du politique, son *intégration* (sa soumission) à « l'économique ». C'est par là que s'affaiblit le pouvoir des États-nations. Ou même des formes politiques en gestation.

C'est ainsi qu'il devient clair, en ces années quatre-vingt-dix que *la construction européenne s'est pliée* (quels que soient les discours tenus) *au diktat du pancapitalisme,* c'est-à-dire que l'Europe des douze États membres *se réduit à une zone de libre-échange,* comme le démontrent les décisions concernant la libre circulation des capitaux ou la mise en place du marché unique. Le reste est bavardage.

Cependant les États-nations existent comme des réalités encore fortes, les plus fortes en dehors des grands flux économiques du système mondial capitaliste, et la nation, comme entité culturelle, comme donnée inscrite dans une mémoire historique, demeure vive même si elle est altérée.

Le réalisme, le pragmatisme, impliquent donc, pour tous ceux qui veulent intervenir sur le développement du système mondial et en contrer les logiques « courtes », de prendre appui sur les États-nations.

Sans illusion certes sur les possibilités de s'enfermer dans le « cadre national » pour pratiquer une politique économique débranchée de l'activité du système mondial.

L'économie est mondialisée. Pas une grande puissance industrielle qui ne soit insérée dans le système mondial et qui n'en subisse les rythmes.

Pas une – et la France en particulier – qui n'ait vu, depuis la crise de soixante-dix-quatre-vingt et le remodelage qu'elle a entraîné, des pans entiers de sa structure économique disparaître, des friches recouvrir des régions entières, et les plus dynamiques de ses firmes viser le marché mondial (investissements à l'étranger, productions localisées dans les zones favorables, etc.), cependant que d'autres entreprises « étrangères » (japonaises par exemple) s'implantaient sur le sol national.

La « construction européenne » a, pour les douze pays qui y participent, favorisé cette « internationalisation » du capital, cette globalisation.

Dès lors les politiques de « relance » nationale, en contradiction avec les impératifs de « l'internationalisation » et avec les impératifs du système mondial, sont difficiles, sinon vouées à l'échec (voir le cas de la France en 1981-1982).

Et pourtant il est vital pour l'intervention dans le développement du système mondial que les nations soient des points d'appui solides.

Cela suppose la capacité pour ceux qui gouvernent de mêler, en eux, sens du compromis réaliste, détermination politique et culturelle dans le refus des valeurs du système capitaliste mondial et audace.

Ce qui signifie invention de solutions neuves, résolution pour les appliquer, capacité de résister à toutes les pressions politiques, qui sont d'abord des pressions idéologiques. Bien entendu, ces solutions sont différentes d'un État à l'autre, parce qu'elles s'inscrivent dans des réalités nationales différentes.

Cependant c'est en Europe que ces solutions peuvent être mises en œuvre, d'abord.

L'Europe, en effet, concentre tradition de créativité historique exceptionnelle, qui a donné naissance à la fois – et complémentairement – au capitalisme (qui devait conquérir l'ensemble de la planète) et au mouvement révolutionnaire, ouvrier et syndical qui, pesant sur le capitalisme, devait réussir à l'orienter suffisamment pour que naissent des compromis politiques et sociaux « progressistes ».

Cette créativité historique européenne s'est d'abord inscrite dans quelques nations (la France notamment, mais aussi l'Allemagne : Marx écrivait dans son *Manifeste :* « C'est sur l'Allemagne que les communistes concentrent surtout leur attention... »). Si bien que, quand on parle d'Europe, ce n'est pas d'abord à « l'Europc », au sens de l'Europe communautaire, qu'il faut penser mais aux *nations européennes.* Et ce qui se passe en Hongrie, en Pologne, en RDA, en Tchécoslovaquie – et en « Russie » – confirme ce choix.

Dans ces nations européennes, en cette fin de siècle, c'est le mouvement socialiste démocratique et toutes les forces et partis qui s'y rattachent (et on doit y inclure le parti communiste italien) qui représentent la tradition du mouvement ouvrier.

Même si, comme on l'a dit, ce socialisme démocratique a subi, lui aussi, les processus d'intégration du système mondial capitaliste. C'est lui cependant qui est en situation de « rassembler » les mouvements qui selon des modalités qui leur sont propres (ainsi les « Verts ») s'opposent aux logiques courtes du capitalisme et à la civilisation normalisée qu'il sécrète.

Il s'agit donc pour lui d'accéder au pouvoir national.

Non dans l'illusoire espoir de « contrôler » l'économie ou de « changer la société » ou dans la scandaleuse abdication de ses valeurs pour « gérer » mieux que d'autres formations politiques les mutations sociales que le développement capitaliste implique, *mais bien pour maintenir et élargir des « zones » hors marché, îlots qui échappent aux logiques marchandes.*

Il doit en somme *créer des obstacles à l'intégration totale,* dans les logiques du marché, de toutes les formes d'activité et de vie.

Cette « autonomie » de zones sociales et économiques ne concerne pas nécessairement la production.

Les illusions sur les « nationalisations » industrielles ne doivent pas de ce point de vue être répétées.

Les nationalisations n'ont de sens que si une autre manière de produire, c'est-à-dire une autre manière de concevoir les rapports sociaux dans l'entreprise, s'y développe.

S'il s'agit seulement de faire de l'État le propriétaire d'entreprises qui se plient, dans le cadre de la guerre économique, à toutes les logiques du système mondial, les avantages des nationalisations sont limités. Certes elles ne peuvent être rejetées en bloc dans la mesure où elles préservent certains secteurs industriels vitaux et ainsi contribuent à maintenir l'indépendance des nations (par exemple dans les domaines stratégiques). Mais ces firmes font partie du système mondial ce qui limite évidemment l'autonomie que l'État considéré peut conquérir grâce à elles.

En fait, ce que l'État doit développer *hors marché,* c'est tout ce qui concerne la « formation » du citoyen, les tissus sociaux, les solidarités entre individus, le secteur – décisif et symbolique – de la « santé » (hôpitaux publics, recherche biologique et médicale, etc.).

Et c'est sur ce point que l'abdication des socialistes, leur intégration dans le système mondial capitaliste est la plus négative, la plus lourde de conséquences.

Un État-nation, dirigé par les socialistes démocratiques, doit systématiquement consacrer tous ces efforts à maintenir hors de logiques courtes de l'économie de marché capitaliste (et bien entendu hors des logiques courtes de la bureaucratie ou du monolithisme politique) les secteurs à haute portée humaine.

Et d'abord l'École (au sens large : la recherche, les universités, les lycées, les écoles primaires, les formations annexes, etc.) : c'est-à-dire qu'il doit se garder de plier l'École aux besoins des entreprises ou de la guerre économique, ou la laisser se « fragmenter » sous la poussée des intégrismes, adversaires de la laïcité.

Il doit développer « hors logiques courtes » et pour les plus larges masses une formation générale, ambitieuse, un savoir

« désintéressé » (dont le financement doit être une priorité budgétaire, parfaitement comprise par l'opinion, puisqu'elle s'inscrit dans la volonté individuelle des hommes à l'autonomie), un savoir « citoyen », universaliste, qui s'inscrit en contradiction avec les logiques d'intérêt.

Ainsi un « pouvoir » socialiste doit créer un contrepoids, par cette formation, à la normalisation du système mondial, et maintenir par ce biais une capacité des hommes à l'hérésie, au refus, à la réflexion humaniste, à la découverte d'autres voies politiques et culturelles que celles qui sont produites par le mouvement naturel de l'économie.

Ce savoir « laïque » au sens large du mot, ce savoir « rationaliste », ce savoir « gratuit » est la source (toute l'histoire intellectuelle le montre) des « inventions » et des découvertes les plus fructueuses.

Il est à l'opposé des formations professionnelles « courtes », des liaisons apparemment productivistes « école ou université et industrie » qui favorisent l'intégration des esprits au système mondial. Et transforment les « intellectuels » en scribes soumis.

Cette orientation culturelle doit peu à peu rayonner : dans des associations – soutenues par des subventions – des pratiques collectives qui sont aux antipodes des « industries culturelles », des productions médiatiques. Elle s'appuie sur la volonté d'autonomie et d'expression des individus. Elle est ainsi, à terme, le gage d'une résistance individuelle à l'intégration.

Un secteur « public » vital à maintenir « hors marché », dans la même perspective, est évidemment celui de la « télévision ».

La capitulation des socialistes démocratiques dans ce secteur s'est produite à la fois au plan national (en France) et en Europe (incapacité de mettre sur pied un réseau européen des services publics de télévision).

Car le système capitaliste mondial intégré, le « pancapitalisme » ne peut l'emporter définitivement, totalement, que s'il pratique cette normalisation des esprits, cette police des pensées qui, alors que la revendication à l'individualisation et à l'autonomie est une exigence forte passe par la « perversion » de ces « désirs » en individualisme, leur retournement en « libéralisme » ou leur négation, par frustration, en « intégrisme ».

Or cela n'est possible que s'il y a immersion dans les logiques courtes du marché à la fois du savoir, de l'École et de tous les réseaux des mass media.

Pour les socialistes et les forces de la résistance à ce système mondial, la participation au pouvoir, ou sa conquête, n'ont de sens – et de légitimité – que si elle sert à sauver et à développer des valeurs autres que celles du système mondial, à l'intégration dans ce système de tous les aspects de la vie et de la pensée, donc, à maintenir ces secteurs clés de l'École et de la recherche, du service public de la télévision, de la santé et de la biologie, hors marché.

Cela suppose une bataille idéologique et politique de tous les instants, contre les logiques du marché, d'autant plus que ces secteurs ne sont pas seulement décisifs sur le plan de la police des esprits et de la normalisation, de l'avenir de l'homme mais aussi parce qu'ils sont de nouveaux champs de la production du profit.

C'est sur ces secteurs que les socialistes doivent livrer la bataille principale puisque c'est elle qui est, dans le long terme, la plus décisive.

Elle se déroule sur un secteur clé – stratégique – du front, mais qui laisse l'adversaire – le système mondial – maître des terrains (l'essentiel de l'économie, etc.) qui, dans ses logiques courtes, peuvent lui apparaître comme suffisamment fructueux, pour qu'il tolère de perdre sur un point du front, même s'il en saisit toute l'importance. Espérant aussi l'emporter puisqu'on lui laisse l'économie.

Mais toute l'histoire montre que *« l'économisme » est une vue courte.*

Et il faut enfermer le système mondial capitaliste dans sa faiblesse qui est précisément l'économisme, le profit maximum dans le temps le plus court.

La grande erreur des révolutionnaires communistes a été précisément de se placer sur le même terrain du temps court – des logiques courtes – de l'économisme. *Les socialistes doivent choisir le contraire de l'économisme, c'est-à-dire en fin de compte ces formations sociales à l'existence transséculaires que sont les nations.*

Si une nation – et *a fortiori* un groupe de nations européennes – développe une telle stratégie (qui à l'évidence n'exclut aucune autre forme d'intervention classique de la politique gouvernementale « social-démocrate », *habituelle,* sur le plan intérieur et international) qui associe la volonté d'individualisation et une logique hors marché – une logique longue – son potentiel humain (sa « ressource humaine ») s'en trouvera décuplé et, dès lors, il lui sera possible d'imposer à la fraction du système mondial capitaliste intégré, « présente » sur son sol, d'autres compromis, sur le plan – classique – des salaires, de la fiscalité, de la réduction de la durée du travail, des solidarités, des modèles de développement et des orientations de la « consommation ».

A partir de là, – et en relations avec d'autres nations –, une modification des rapports internationaux devient d'autant plus possible que déjà le fonctionnement hors marché de l'École, d'une partie des médias, d'un important secteur associatif aura pu attirer dans cette nation, en vue de leur formation, des citoyens d'autres continents.

Cette perspective et cette priorité peuvent paraître, par rapport aux utopies de la fin du XIXe siècle, ou comparées aux programmes détaillés qui prennent en compte tous les secteurs de l'activité (des problèmes monétaires à la politique industrielle, des questions de santé aux problèmes de défense et de désarmement) fort modestes ou trop généreux encore.

En fait, par la volonté politique qu'ils supposent, le refus qu'ils impliquent des valeurs du « pancapitalisme », la rupture qu'ils provoquent avec l'idéologie d'apologie du système mondial de développement et avec le consensus sur la « modernité », les moyens financiers qu'il faut libérer dans le budget national pour effectivement les mettre en œuvre, ils sont, au sens le plus fort du terme, *révolutionnaires.*

Une révolution qui avance au rythme des consciences, qui fait le pari de l'homme en ce sens qu'elle s'appuie d'abord sur sa volonté individuelle de liberté personnelle, d'émancipation de son esprit, d'autonomie, et de révolte contre la normalisation programmée, et de refus de l'abdication devant un système qu'il serait impossible de freiner, de contester, d'orienter et de maîtriser.

Une révolution réaliste qui ne cherche pas une rupture sur tout le front mais choisit le lieu de sa percée.

Une révolution qui reconnaît au capitalisme – au marché – ses vertus cardinales (individualisation, créativité, dynamisme, concurrence et compétition, productivité) pour mieux les *exploiter,* les *détourner ;* les *contraindre* à financer (par le biais de la fiscalité, des orientations budgétaires, etc.) des activités, à soutenir des valeurs qui, à long terme, remettront en cause la domination absolue du capitalisme sur toutes les productions et les pensées.

Une révolution qui fait sur la durée le pari de gagner une *bataille culturelle* parce qu'elle se donne comme objectif – et comme moyen – la liberté individuelle et qu'elle apporte par les institutions qu'elle soutient ou crée (des écoles aux hôpitaux, des associations aux politiques culturelles), les valeurs humanistes qu'elle met en œuvre. Ce que le capitalisme ne suscite pas *spontanément.*

Une révolution qui se nourrit du capitalisme l'accepte comme « économisme » pour le refuser comme civilisation.

Ce qui suppose un combat idéologique anticapitaliste permanent quant aux « finalités » humaines du capitalisme et un pragmatisme quotidien quant à la reconnaissance de son efficacité économique.

Ce qui signifie de la part de ceux qui gouvernent et se proclament socialistes, le courage et la volonté d'incarner *d'autres valeurs* que celles du capitalisme. Et d'être capables de promouvoir des mesures législatives (dans le domaine de la santé, de l'École, de la recherche, de la culture, des rapports sociaux, de l'organisation de la vie collective – sécurité publique, mode de vie urbain, transports, etc.) qui permettront de faire vivre ces valeurs.

Tâche difficile, « révolutionnaire », et qui suppose qu'on fasse appel, à chaque instant, à la conscience et au soutien des citoyens, que le capitalisme relègue au rang de consommateurs.

Mieux vaut certes la consommation que la pénurie.

Mais mieux vaut encore la capacité pour l'acheteur de décider le plus librement possible – parce qu'il aura acquis une liberté critique, parce que les lois le permettront – de ce dont il a réellement besoin, de choisir ce qui lui apporte réellement un plus humain.

Une révolution qui prend en compte les rapports de forces tels qu'ils sont et qui s'appuie sur le pouvoir d'État et la nation. Sans illusion ni fétichisme. Mais parce qu'il y a là un condensé de mémoire, d'histoire et de moyens, des réalités qui ne sont pas encore totalement dissoutes dans le système mondial, et qui de ce fait représentent encore des môles auxquels s'adosser.

Une révolution non seulement compatible avec les exigences pluralistes de la démocratie mais qui leur redonne vie en faisant notamment de l'enrichissement intellectuel du citoyen son moyen et son but.

Une révolution qui choisit *le temps long de la vie des nations* pour répondre à l'urgence des problèmes parce que ce détour par la formation des hommes est finalement le chemin le plus court. Que les cassures brutales, « économistes », déclenchent des chocs en retour, créent un effet de boomerang dont l'histoire et l'évolution présente des pays du despotisme communiste sont une illustration.

Mais une révolution qui exige des révolutionnaires la détermination, la confiance et la lucidité.

Et ce n'est jamais facile car les forces qui poussent à la soumission, à l'intégration ont toutes les séductions et détiennent la plupart des pouvoirs.

Elles apparaissent presque comme des lois de la nature.

Elles le sont en un sens.

Mais c'est à l'homme de les dompter, de les utiliser.

A des fins humaines.

La puissance de ceux qui s'opposent à ce système mondial vient de ce que, jour après jour, les hommes font l'expérience contradictoire des fantastiques potentialités de l'époque et des impasses dans lesquelles l'homme s'enferme.

Mais il suffit toujours de quelques combinaisons chimiques, parfois d'une seule, pour que toute une ligne d'évolution que l'on croyait tracée, dont le destin semblait définitivement écrit, soit modifiée.

Soyons cette liberté créatrice, soyons ce germe.

Les hommes *n'ont à y perdre que leurs chaînes,* l'humanité que ses plaies les plus purulentes, l'inégalité qui opprime et tue, pour le profit de quelques-uns.

Un monde humain se dégageant de la préhistoire est à construire.

Hommes de tous les pays, qui croyez à l'avenir de l'homme, *unissez-vous !*

Spéracèdes, Paris, Strasbourg,
1989

www.ingramcontent.com/pod-product-compliance
Lightning Source LLC
LaVergne TN
LVHW010605160826
845677LV00013B/3246

* 9 7 8 2 7 3 8 1 0 0 7 7 1 *